Valerie Watson

KNIPPEN EN SCHEREN

LA RIVIERE & VOORHOEVE

First published in the English language as *Threshold Picture Guide: Number 2, Trimming and Clipping*

ISBN 90 384 0628 2
NUGI 462
Illustraties: Carole Vincer
Vertaling: Ria van de Veen-Lanjouw

Inhoud

Inleiding

Als we pony's knippen of scheren, grijpen we in in de natuur. Pony's krijgen in de winter een dikke vacht, die hen warm en droog houdt. Er groeien dikke, lange haren aan hun benen en lange, ruige haren aan hun kaken, waardoor ze goed beschermd zijn tegen nattigheid en modder bij het grazen. In de zomer worden vliegen en andere insecten door de lange haren op een afstand gehouden.

De pony knapt zienderogen op als hij is getoiletteerd, maar zijn gezondheid moet wel op de eerste plaats staan. Knip hem alleen als hij beschutting heeft tegen vliegen en slecht weer. Sommige ponyrassen zoals het Fjordenpaard en de Haflinger mogen niet getoiletteerd worden.

Het afscheren van de wintervacht is een drastische ingreep waar je goed over nagedacht moet hebben en die je goed moet voorbereiden. Tenzij de pony van nature gehard is en alleen in een laag streepmodel geschoren wordt, zal hij in een stal moeten, en dekens nodig hebben ter vervanging van zijn natuurlijke, warme jas.

Een pony verhaart twee keer per jaar: in het voorjaar krijgt hij een zomervacht en in de herfst een wintervacht. Daarom groeit de wintervacht ook niet opnieuw weer aan als je die hebt afgeschoren, hoewel het wel nodig zal zijn regelmatig bij te scheren om het dunne, flodderige haar dat weer aangroeit weg te halen.

De verzorging van een geschoren pony die op stal staat, kost veel tijd. Je zult elke dag een paar uur bezig moeten zijn met training, poetsen en uitmesten van de stal. De pony moet regelmatig gevoerd worden. Maar het is allemaal de moeite waard, en je inspanning wordt zeker beloond, want je zult op een pony kunnen rijden die met gemak in staat is hard te werken op een koude, winterse dag.

Sommige mensen hebben niet de mogelijkheid hun pony op stal te zetten, maar rijden wel behoorlijk fanatiek in de herfst- en kerstvakantie. Hun pony's hebben baat bij een laag streepmodel zodra het herfst wordt. Als ze niet opnieuw geschoren worden, zullen de dunne haren die halverwege de winter groeien, wat bescherming bieden.

Toiletteren en scheren kunnen elkaar aanvullen. Je kunt bijvoorbeeld de ongeschoren benen en het hoofd van de pony knippen om hem er netjes uit te laten zien.

Scheren duurt lang en is een karwei waar je handigheid in moet hebben. Bovendien vraagt het veel geduld. Een goede voorbereiding en een goed onderhouden scheermachine met scherpe mesjes, zullen je veel ergernis besparen. Toiletteren is gemakkelijk te leren en leuk om te doen. Het loont zeker de moeite het uiterlijk van je pony op deze manier te verfraaien.

Dit boek is geschreven om je in ieder geval te helpen met het oplossen van een paar problemen die je kunt tegenkomen. Op de tekeningen voor het in zijn geheel scheren van de pony, kun je zien hoe je alle moeilijke plekken van de pony moet scheren. Omdat bij enkele van de andere scheermodellen deze moeilijke delen ook genoemd worden, zullen we daar naar bovengenoemde tekeningen verwijzen.

Geef de moed niet op als het scheren een eindeloos karwei lijkt. Door te oefenen zul je steeds efficiënter gaan werken. Er gaat niets boven ervaring. Het is eenvoudig met schaar en scheermachine om te gaan, maar het is niet zo eenvoudig het goed te doen. Als je goed kunt scheren en je pony er perfect kunt laten uitzien, heb je alle reden trots te zijn.

Het hoofd

Door het afknippen van de lange haren die op de kaken, rond de neus en uit de oren van de pony groeien, kun je de lijnen van een fijn hoofd accentueren en kun je een grof hoofd er beter uit laten zien. In de winter kun je de haren net zo kort knippen als de wintervacht – als de pony 's nachts tenminste ergens kan schuilen. In de zomer kun je ze net zo kort afknippen als de zomervacht.

De kaken

Knip de lange, dunne haren die op de kaken groeien, zoals het plaatje aangeeft. Dit gaat het makkelijkst als je eerst het halster afdoet en om de hals van de pony legt, met de neusband naar achteren. Tenzij de pony erg rustig is, moet een helper hem vasthouden. Als je klaar bent, moet de onderrand van de kaken en de ruimte ertussen er glad en natuurlijk uitzien. Knip niet te diep in de vacht, want anders houd je lelijke happen over. Doe per keer altijd een klein stukje.

De neus

Sommige mensen laten de haren rond de neus lang, omdat de pony deze gebruikt om te voelen. Als je ze knipt, doe dat dan alleen met een schaar. Knip de haren rond de ogen niet. Zonder deze haren kan de pony zijn ogen ernstig verwonden.

De oren

De haren die binnen in het oor groeien, dienen als barrière tegen insekten en tocht. Ze mogen dan ook nooit weggehaald worden. Het is daarentegen wel toegestaan de oren aan de randen te knippen en deze zo een betere vorm te geven. Sommige pony's zijn meer ontspannen als ze niet kunnen zien waar je mee bezig bent. De helper kan voorzichtig een halfgebogen hand achter het oog houden om zo het zicht van de pony te belemmeren. Gebruik voor al het knipwerk ALLEEN EEN SCHAAR MET RONDE PUNTEN. Houd je duim in de gehoorgang om te voorkomen dat er haren naar binnen vallen.

HET NOG NIET GETOILETTEERDE HOOFD
Onder lang, dik haar gaat een sierlijk hoofd verborgen, maar de pony is wel goed beschermd tegen regen en kou. De langste haren zijn nodig om mee te voelen, knip daarom die rond de ogen niet af.

HET GETOILETTEERDE HOOFD
Hier ziet hetzelfde hoofd er sierlijk uit. Er zitten geen lange haren meer op de kaken die problemen zouden kunnen veroorzaken als ze vast komen te zitten in de neusriem.

De oren

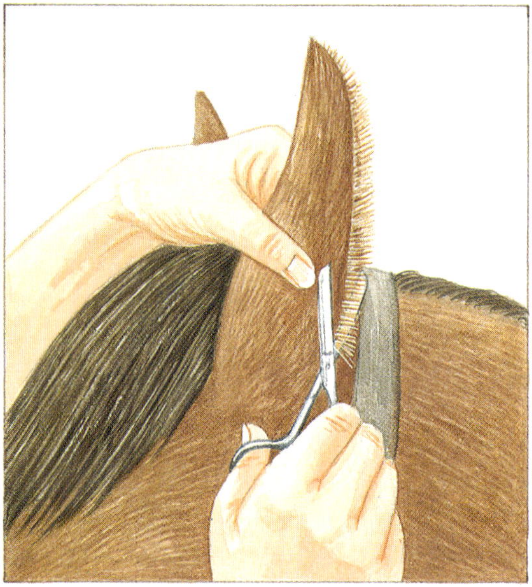

1. Houd het oor voorzichtig in je linkerhand. Duw de randen tegen elkaar, zodat de te lange haren uitsteken. Knip deze voorzichtig weg, vlak langs de randen van het oor.

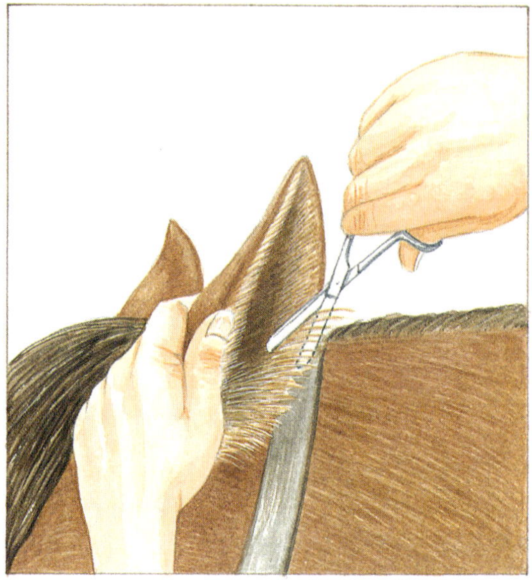

2. Open het oor voorzichtig en houd het vast met de linkerhand. Knip de lange haren, van de punt naar het breedste deel van het oor. Knip rondom de rand.

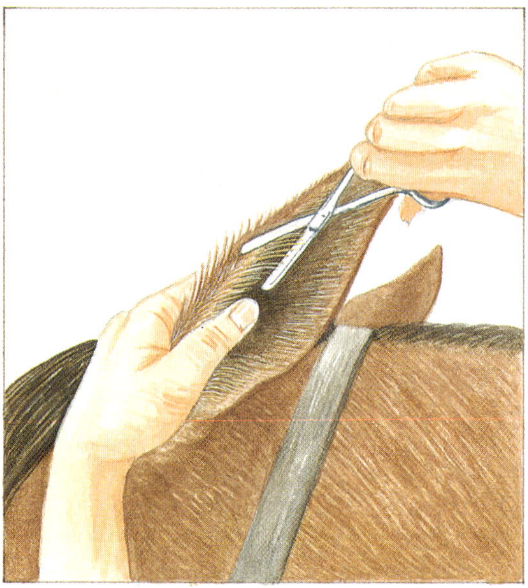

3. Knip het lange haar van de voorste rand. Pony's zijn hier gevoelig, dus doe het voorzichtig. De haren in en rondom de rand van het oor moeten nu kort en even lang zijn.

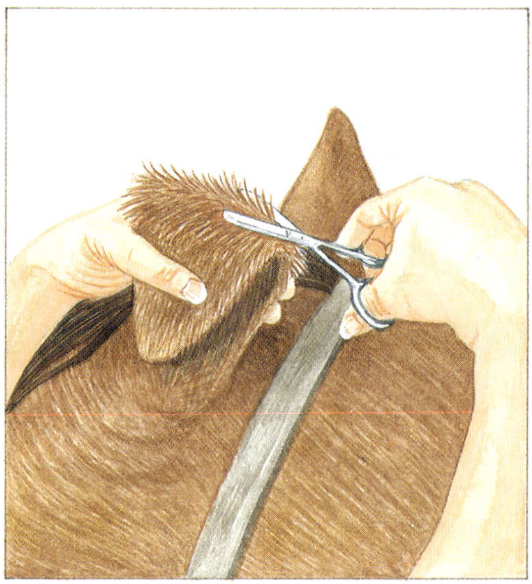

4. Vouw het oor om voor het afknippen van de lange 'katte'haren, die dan zichtbaar worden. Knip nu het andere oor. Borstel ten slotte beide oren voorzichtig uit. Kijk of ze gelijk zijn.

De kaken

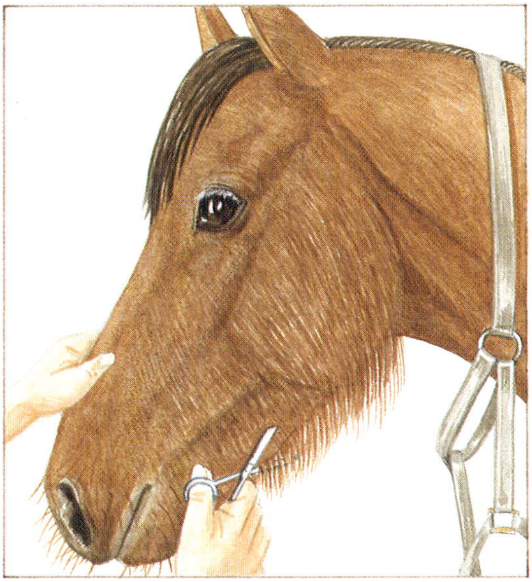

1. Er groeien lange, fijne haren rond de kaakbeenderen en in de ruimte ertussen. Knip deze lange 'katte'haren weg; pas daarbij op dat je niet te diep knipt.

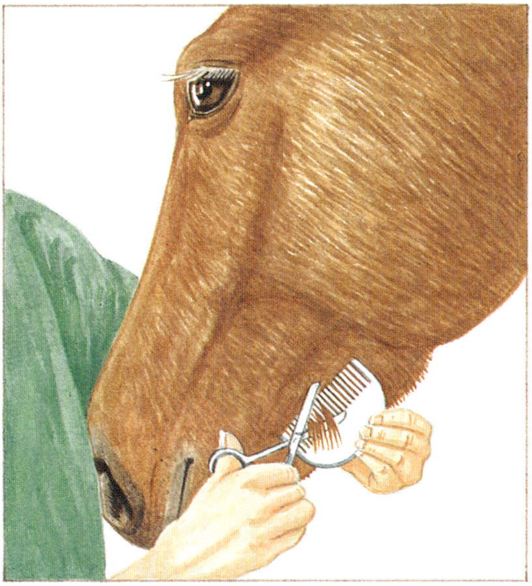

2. Gebruik een schaar boven een kam om het geheel compleet te maken. Werk vanaf de kingroeve naar de keel. Knip ook de haren van kaken, neus en mond.

De benen

In de zomer kun je je pony er beter laten uitzien door de lange haren aan de achterkant van het pijpbeen, de vetlok, hak en kroonrand af te knippen. De benen zullen dan mooier lijken. Als je pony in de winter buiten blijft, kun je de haren beter lang laten, omdat het water dan meteen via de lange haren naar de grond loopt, als het regent. De zachte, buigzame delen aan de achterkant van de kogel en in de kootholte die onder de lange haren liggen, blijven dan droog. Als de pony op stal staat, kan knippen geen kwaad; zijn benen zullen dan gemakkelijker zijn schoon te houden.

Hoe hariger de benen, des te moeilijker ze te knippen zullen zijn. Als je op één plek te diep in de vacht knipt en ergens anders minder diep, krijg je lelijke happen aan de achterkant van de benen van de pony. Ga tijdens het knippen zo op je hurken zitten dat, als je pony zich beweegt of trapt, je zijn benen kunt ontwijken. Werk in de volgorde die in de tekeningen wordt aangegeven. Als je de benen goed getoiletteerd hebt, zien ze er natuurlijk uit, net alsof ze altijd vrij zijn geweest van lange haren en nog nooit een schaar hebben gezien.

De benen knippen

1. Knip de lange haren aan de achterkant van de kogel en aan de vetlok voor het grootste deel weg. Knip de haren op een lengte van 3 cm, zodat je later nog de vorm rondom de kogel kunt aanpassen.

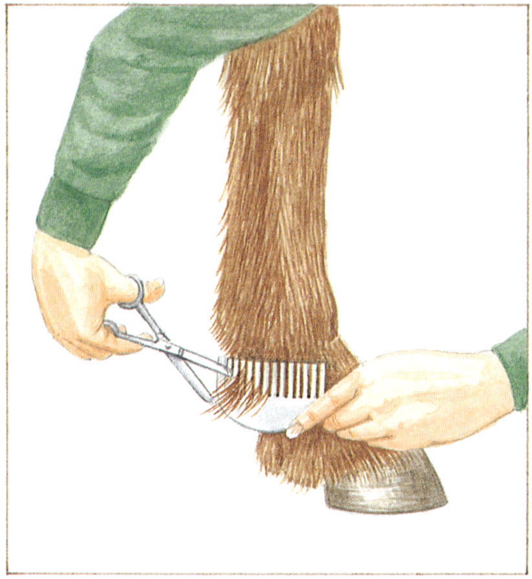

2. Kam het haar in de kootholte omhoog. Als de kam vol is met haar, stop dan en knip het haar dat tussen de tanden doorsteekt af, tot al het haar in de kootholte kort is.

3. Gebruik kam en schaar als boven beschreven, bij het knippen van de buitenkant van de vetlok. Werk rondom het gewricht, vanaf de achterkant en zorg dat alles er glad en natuurlijk uitziet.

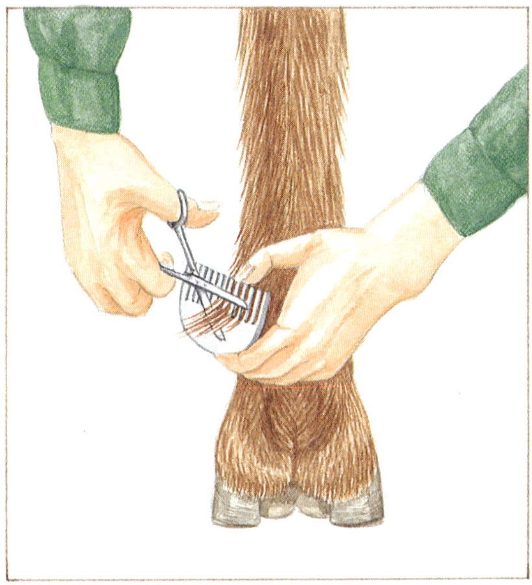

4. Herhaal dit aan de binnenkant van de vetlok, werk rondom het gewricht, vanaf de achterkant. Kam en knip in kleine gedeelten, om de vorm van de vetlok goed te laten uikomen.

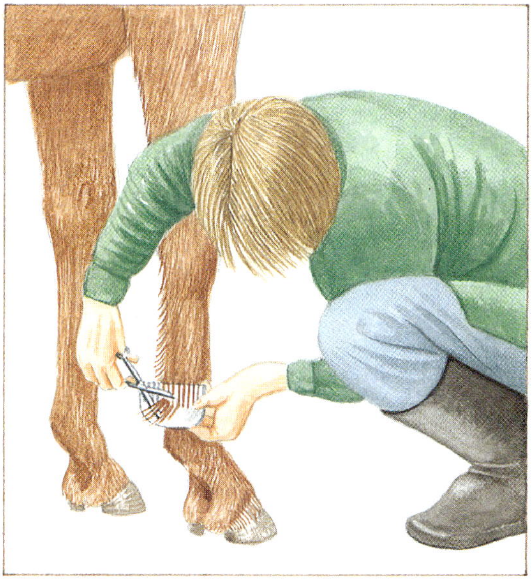

5. Gebruik kam en schaar voor het knippen van lange haren aan de achterkant van het pijpbeen. Zorg dat alles er mooi uitziet zonder happen.

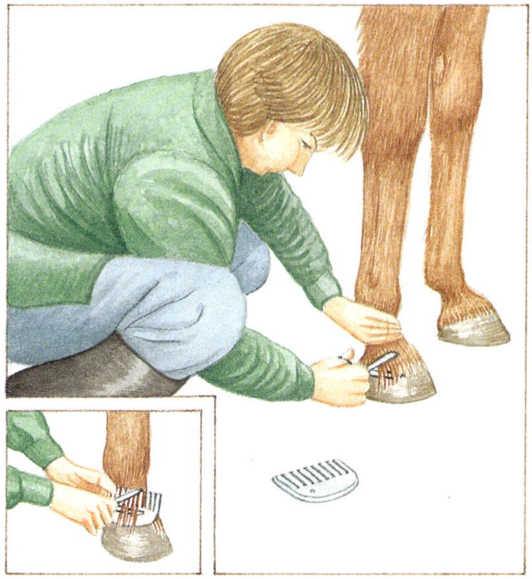

6. Dik haar boven de kroonrand kun je uitdunnen met kam en schaar. Knip ten slotte alles op gelijke lengte, net boven de kroonrand.

7. Lange, dikke haren houden de benen warm en droog, maar kunnen in de zomer afgeknipt worden. Als de pony een warme, droge plek heeft, kan het haar ook in de winter geknipt worden.

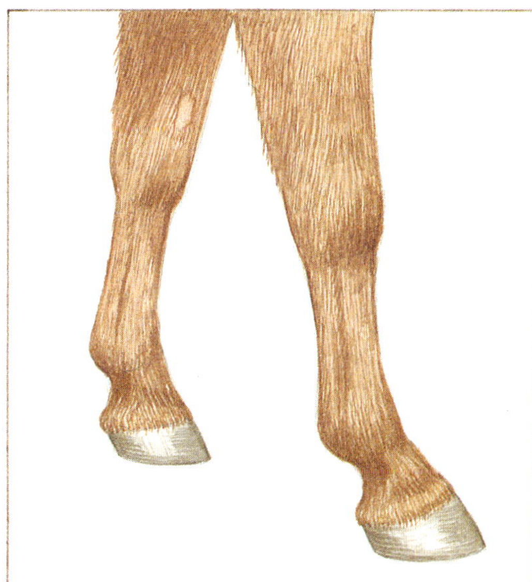

8. Hier zie je dezelfde voorbenen, maar dan als ze getoiletteerd zijn. Ze zien er sierlijk en veel fijner uit. Ook zijn ze gemakkelijker schoon te houden. Wondjes zijn zo sneller te zien en gemakkelijker te behandelen.

Scheren

Met scheren wordt bedoeld het afscheren van de vacht van de pony met een scheermachine. Je kunt de pony in verschillende modellen scheren, afhankelijk van: (a) het soort werk dat je pony moet doen, (b) de tijd die je beschikbaar hebt, (c) je stallingsmogelijkheden. De gebruikelijke scheermodellen zijn: helemaal scheren, jachtmodel, dekenmodel en streepmodel. Als je pony op stal staat en in de winter regelmatig hard moet werken, is het verstandig om zijn wintervacht geheel of gedeeltelijk te verwijderen. Als je een zo goed mogelijk resultaat wilt hebben, moet je wachten met scheren tot de vacht van de pony volledig uitgegroeid is. Dat is meestal in oktober, wanneer gewoonlijk de jachtpaarden worden geschoren.

Redenen om te scheren:

- het dier hard te kunnen laten werken zonder last te hebben van een dikke vacht.
- zweten te verminderen, zodat hij in goede conditie blijft.
- kouvatten te voorkomen: een dikke vacht houdt het zweet vast en droogt langzaam bij koud weer.
- de pony is makkelijker schoon te houden en ziet er mooier uit.
- medische redenen: er kan een klein gedeelte geschoren worden, als je een wond schoon wilt houden en behandelen.

Scheer niet voordat je hebt nagedacht over het volgende:

1. Pony's kunnen vrij gemakkelijk licht werk doen, zonder geschoren te hoeven worden.
2. Je zult een scheermachine moeten kopen of lenen.
3. Het kost tijd en geduld je pony aan de machine te laten wennen.
4. Je hebt een ervaren helper nodig (of twee als de pony nerveus is) om je te helpen met het scheren.
5. De pony moet om de twee of drie weken bijgeschoren worden.
6. De geschoren pony heeft elke dag veel aandacht nodig.
7. Pony's die helemaal of gedeeltelijk geschoren zijn, hebben een STAL en DEKENS nodig. Je hebt minimaal het volgende nodig: een staldeken (jute of vlas); twee dekens; een schoftbeschermer; een dekensingel om maximaal drie lagen op de plaats te houden; een zweetdeken, voor na de training, tijdens transport en als extra bescherming bij koud weer; een uitrijdeken voor de training; een extra dikke weidedeken, zodat de pony bij mooi weer een paar uur in de wei kan; als de pony helemaal geschoren is: stalbandages, voor als het erg koud is, met onderbandages (van vilt of katoen).

De voorbereiding van een jonge of nerveuze pony:

Zorg dat je een week lang je pony elke dag 10 minuten laat wennen aan het geluid en de trilling van de scheermachine. Zet allereerst de machine, of een cassettebandje met het geluid ervan, vlak bij hem, aan. Laat hem dan de machine van dichtbij zien, terwijl hij uit staat. Laat hem er ook aan ruiken. Aai hem er mee. Maak hem niet bang met het snoer. Beloon hem met een klopje en een handje brokken, zodat hij de machine associeert met iets plezierigs. Als een andere pony geschoren wordt, laat hem dan kijken. Aai hem later met de machine terwijl hij aan staat.

Hij moet net zo vertrouwd worden met de machine als met de borstel. Leg zijn deken een paar minuten op, om te controleren of hij dat niet vervelend vindt.

De scheermachine

Er zijn verschillende soorten scheermachines. Het meest gebruikte scheerapparaat wordt aangesloten op het elektriciteitsnet. Houd je aan de instructies van de fabrikant betreffende het soort scheermesjes dat je moet gebruiken en de manier waarop je deze moet bevestigen. Controleer of de machine schoon en geolied is en in goede staat verkeert. Draai de regelmoer strak aan en draai deze dan 1½ slag terug. Als de machine te laag klinkt en te zwaar loopt, is de moer te strak aangedraaid. Als het geluid hoog is en snel, en als de mesjes klapperen, zit de moer te los.
Zorg er voor dat de pony niet op de kabel gaat kauwen of er op gaat staan. Controleer of de mesjes niet oververhit raken. Ook tijdens het scheren moet je regelmatig wat olie op de mesjes doen.
Bewaar de machine en de mesjes op een veilige, droge plaats, nadat je ze schoon gemaakt hebt.

1.hooinet 2. deken 3.zweetdeken 4.jute deken 5.deken 6. onderbandages 7.& 8.been- en staartbandages 9.spons 10.roskam 11.harde borstel 12.borstel 13.(3-in-1) olie en doekje 14.praam 15.scheermachine 16.anti-rol singel 17.schoftbeschermer

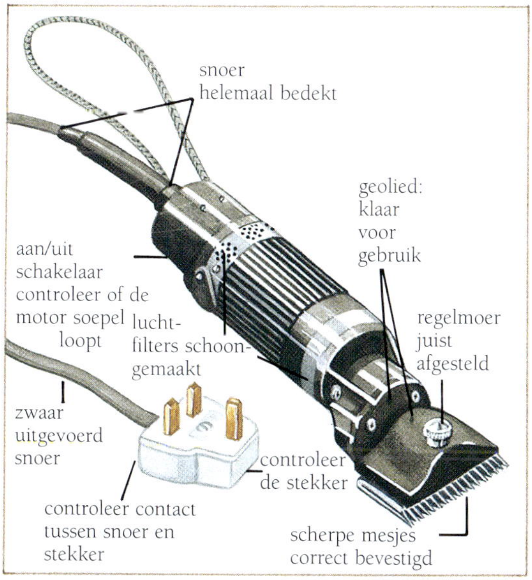

Dit plaatje laat de scheermachine zien, klaar voor gebruik. De streepjes geven de punten aan die je moet controleren voor gebruik, om er zeker van te zijn dat alles veilig is en gereed voor gebruik.

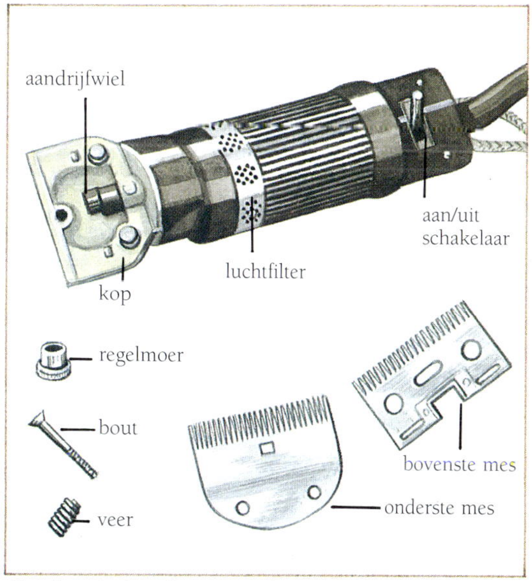

Goed onderhoud van je scheermachine is noodzakelijk. De scheermachine op het plaatje is uit elkaar gehaald en de onderdelen zijn benoemd. De scheermachine en de losse onderdelen moeten schoon en droog bewaard worden.

Hoe?

Op de dag voor het scheren, moet je je pony een langdurige training geven. Rijd hem de volgende dag niet, omdat je een bezwete vacht niet kunt scheren. Borstel hem grondig. Een schone vacht is gemakkelijker goed te scheren. Maak de machine klaar voor gebruik. Scheer onder de hals een proefstukje om te controleren of de machine goed werkt. De mesjes moeten door de vacht glijden en de haren gemakkelijk afsnijden. Je moet er geen druk op hoeven zetten. Als de machine niet gemakkelijk scheert, stop dan onmiddellijk, want mesjes die trekken, doen de pony pijn.

De machine kan zwaar lopen door één van de volgende oorzaken: (a) verkeerd aangedraaid zijn (b) botte mesjes (c) verkeerd soort mesjes. Breng de benodigde veranderingen aan.

- Scheer altijd tegen de groeirichting van de haren in. De moeilijkste gedeelten, waar de vacht in verschillende richtingen groeit, zijn in de afbeeldingen aangegeven.
- Werk het lichaam van de pony af, van voor naar achter; knip in gedeelten en bedek het deel van de rug dat klaar is met een deken (van jute, want aan wol blijven de haren hangen). Elk klein stukje wordt tegen de groeirichting in geschoren, meestal van achter naar voren.
- Scheer één strook en dan een strook erboven of eronder.
- Elke strook moet de vorige een beetje overlappen, dus hoeven de mesjes meestal niet over de hele haarbreedte te scheren.
- Houd de mesjes vlak. Als je onder een hoek naar de huid scheert, kun je de pony snijden en kunnen er diepe scheerstrepen achterblijven.
- Als je een dikke vacht scheert, doe dan elk stuk twee of drie keer, waarbij je elke keer dieper in de vacht gaat.
- Controleer de onderkant van de mesjes regelmatig. Stop om ze te laten afkoelen VOORDAT het vervelend wordt voor de pony. Controleer je werk, terwijl ze afkoelen. Kijk of er stukjes vergeten zijn of netter moeten.
- Na twee uur heeft je pony een pauze nodig. En jij ook! Maak hem los, in een stal waar hij kan drinken en plassen. Zorg dat hij een goede deken op heeft.
- Pony's zijn gevoelig aan hun hoofd, onder hun buik en aan de binnenkant van het bovenste deel van hun benen. Scheer deze delen als de messen afgekoeld zijn.
- Het haar bij de keel, tussen de voorbenen en onder de knie is moeilijk te bereiken. Gebruik je vrije hand, trek de huid voorzichtig strak over een vlak stukje bot of vlees, om het met de mesjes te kunnen bereiken. Pas op dat je de huid niet snijdt. Als dat wel gebeurt, zal de pony dat stukje niet graag opnieuw laten scheren.

Borstel je pony grondig, als je klaar bent, en doe hem daarna een deken op. Als hij van streek is, neem hem dan mee naar buiten, zodat hij wat gras kan eten. Veeg het afgeschoren haar op en doe dat in de vuilnisbak, want op de mesthoop vergaat het haar niet. Borstel de scheermachine en maak de luchtfilter schoon. Haal de kop eraf en maak die ook schoon. Als je infecties moet voorkomen, was ze dan in Savlon zeep. Droog ze goed. Bewaar de machine met de mesjes eraf.

Helemaal

Paarden en pony's worden helemaal geschoren, als ze hard moeten werken of regelmatig aan wedstrijden meedoen in de winter. Dieren met een dikke vacht worden soms in de zomer geschoren om het zweten te verminderen. Jachtpaarden worden vaak in het najaar helemaal geschoren en volgens het jachtmodel in november. Op die manier zien de geschoren benen er netjes uit en zijn ze gemakkelijk schoon te houden. Er zal wel wat haar weer aangroeien, zodat ze enige bescherming hebben. Helemaal scheren houdt in dat je de vacht helemaal weghaalt, met uitzondering van een klein driehoekje boven de staart en een heel smalle strook net naast de inplant van de manen die bij de schoft breder wordt. Voordat je het besluit neemt te gaan scheren, moet je in elk geval twee dekens en een jute deken luchten. Kijk of ze in goede staat verkeren en de pony passen.

Na het lichaam scheer je de benen. Scheer tegen de groeirichting van de haren in, maar werk elk been in gedeeltes af, van boven naar beneden. Scheer naar buiten vanaf het spoortje aan de achterkant van de kogel. Til het been op om de kootholte en de kroonrand te scheren.

Als laatste scheer je het hoofd. De messen moeten dan afgekoeld zijn. Werk zoals aangegeven op de tekeningen. Wees erg geduldig en voorzichtig. Als je er de tijd voor neemt en doorzettingsvermogen hebt, kun je waarschijnlijk het hele hoofd scheren zonder een praam te gebruiken. Als de pony echter de mesjes niet verdraagt aan zijn hoofd op bepaalde plaatsen, breng dan een praam aan om de bovenlip. Je zult hierbij een ervaren helper nodig hebben. DOE NOOIT EEN PRAAM AAN EEN OOR OF EEN ONDERLIP. Als je de praam om hebt, maak je werk dan snel en voorzichtig af. Verwijder de praam zodra je klaar bent. Stimuleer je pony zijn neus te wrijven, om zo de bloedcirculatie te herstellen.

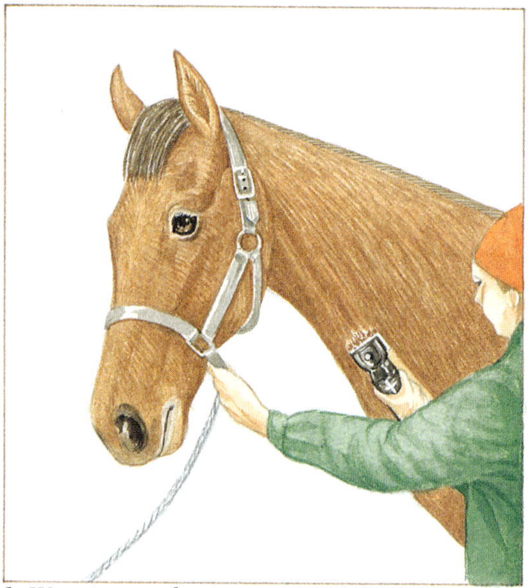

1. Waar je moet beginnen met scheren
Doe de machine aan. Begin hier met scheren. Leg de kop van de machine vlak tegen de vacht en begin langzaam te scheren tegen de haarrichting in.

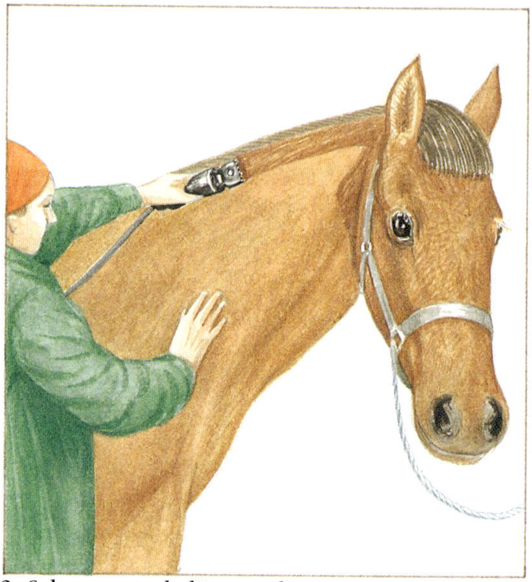

2. Scheren van de lijn van de manen
Borstel de manen naar de andere kant. Scheer langs de bovenkant van de hals, ongeveer 1 cm onder de inplant van de manen. Zorg voor een nette, rechte lijn.

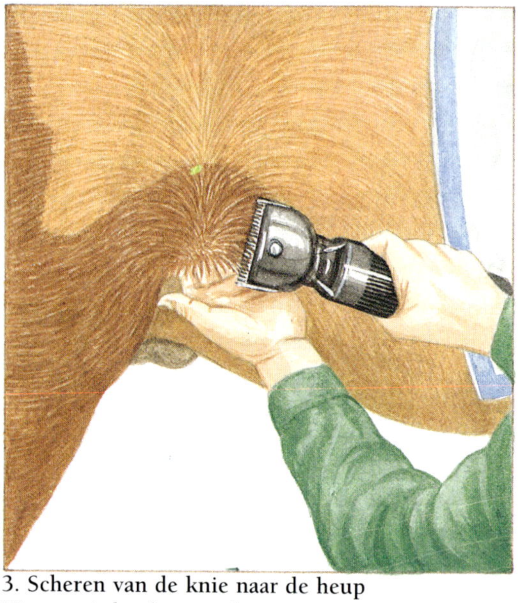

3. Scheren van de knie naar de heup
Hier groeit het haar in de vorm van een een waaier. Scheer tegen de groeirichting in, in halve cirkels. Haal de tere huid onder de knie naar je toe, zoals aangegeven, en scheer deze voorzichtig.

4. Scheren van de romp
Een deken bedekt rug en lendenen, die al geschoren zijn. Het scheren van de romp is leuk werk, maar de lijnen van het scheren zijn te zien, dus pas op dat je de druk gelijk houdt.

5. Laat een driehoekje boven de staart over
Maak een lijn van 15 cm, vanaf de zijkant van de staart naar de wervelkolom. Doe hetzelfde aan de andere kant. Gewoonlijk wordt deze gelijkbenige driehoek ongeschoren gelaten.

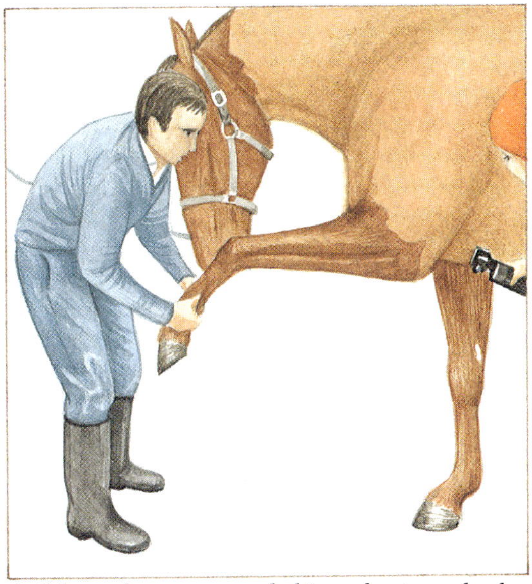

6. Scheren boven en aan de binnenkant van de elleboog. Een helper houdt het been naar voren om de zachte huidplooien strak te trekken. Met je vrije hand kun je de huid gladtrekken zodat de mesjes bij de huid kunnen komen.

7. Voorkom onrust en trappen
Zonodig kun je een voorbeen optillen en ondersteunen onder de voorknie en hoef. De pony zal dan moeilijk zijn buitenste voor- en binnenste achterbeen kunnen bewegen.

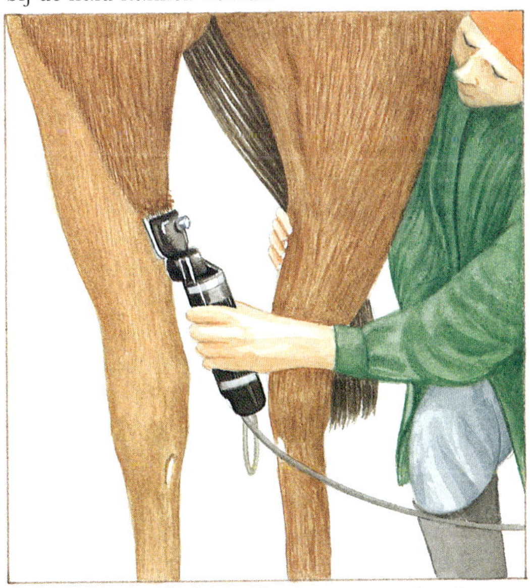

8. Scheren van de binnenkant van een achterbeen
Soms is het scheren gemakkelijker van de andere kant te zien. Zorg ervoor dat je elke beweging direct ziet aankomen en verhindert, door de staart en kniepees vast te houden. Wees op je hoede!

Het hoofd scheren

1. Scheer vanaf de kingroeve naar de keel. (De kinharen groeien in verschillende richtingen op de slappe huid) Doe daarna de kaken. Scheer licht over de benige delen om trilling te verminderen.

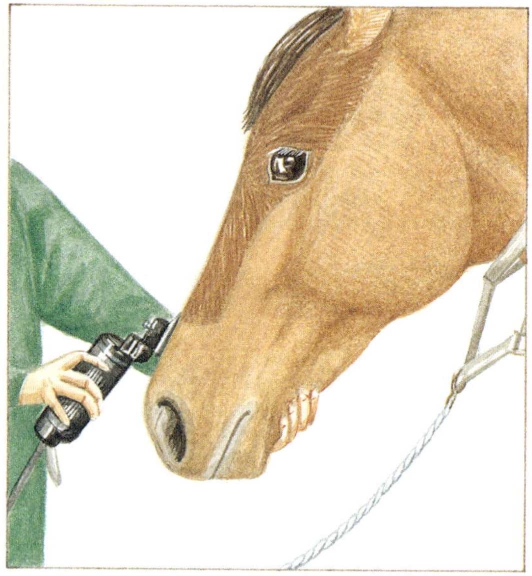

2. Scheer nu de voorkant van het hoofd, te beginnen bij de neusgaten. Eindig bij de krans van haren op het voorhoofd. Wees voorzichtig met de jukbeenderen en onder de ogen.

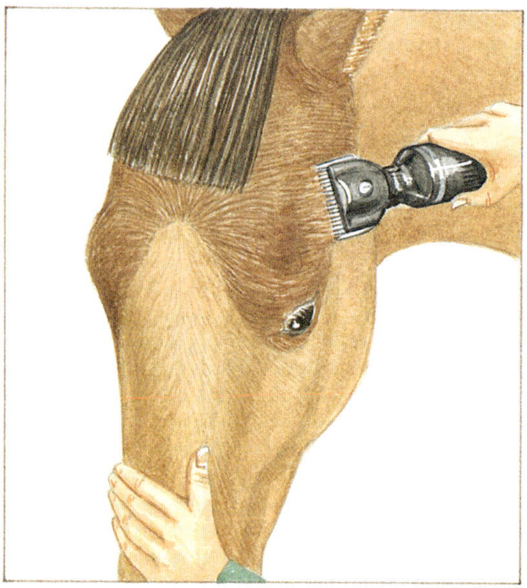

3. Scheer daarna het voorhoofd, boven de ogen en rond de oorbasis. Let op de maantop! De holtes boven de ogen zijn soms lastig te scheren, zoals je kunt zien op de afbeelding.

4. Scheer de oren het laatst. Gebruik de methode die op bladzijde 6 beschreven is. Als je niet bij de oren kunt komen zonder je uit te rekken, ga dan op een kistje staan. Misschien heb je een praam nodig, zoals hier op het plaatje.

Jachtmodel

Jachtpaarden werken hard, en lang achtereen. Zij moeten geschoren worden, maar hun benen zijn gevoelig voor doornen en stoten en zij kunnen een pijnlijke rug krijgen, als ze de hele dag gereden worden. Bij het jachtmodel worden lichaam en hoofd van de pony geschoren, zoals bij 'helemaal scheren' is beschreven, maar de benen en het deel van de vacht dat onder het zadel komt, worden niet gedaan. Dit 'zadelstukje' werkt als een natuurlijke schabrak. Het moet aan beide kanten van de pony dezelfde vorm hebben en moet vlak liggen op de wervels en aan weerszijden van de schoft.

- Leg het zadel op, zonder verder toebehoren.
- Schuif het op de juiste plaats. Een zadelstukje op de verkeerde plaats ziet er verschrikkelijk uit.
- Je kunt (a) met een krijtje een lijn rond het zadel trekken, daarna het zadel eraf halen en langs de aangegeven lijn scheren, OF (b) de singel vastmaken en dan om het zadel heen scheren, waarna je het zadel eraf haalt, om alles netjes af te werken.
- Maak in het begin het zadelstukje wat groter dan je het uiteindelijk wilt hebben, zodat foutjes niet zo erg zijn als je de randen gaat bijwerken.

De **lijnen bij de benen** lopen schuin af aan de binnen- en buitenkant, zoals de tekeningen laten zien. Er moet aan de voorkant van elk been een omgekeerde V te zien zijn, en aan de achterkant een vloeiende lijn. Geef de lijnen aan met een krijtje, waarbij je met de breedte van je hand de juiste plaats kunt bepalen. Als globale richtlijn geldt hier:

- Bij de voorbenen maak je de punt van de V een handbreedte vanaf de plaats waar de benen aan de romp zitten. Maak de vloeiende lijn twee handbreedtes onder de elleboog.
- Bij de achterbenen maak je de punt van de V vier handbreedtes onder de knie en de vloeiende lijn twee handbreedtes boven de punt van de hak.

De punten van de V bij de voorbenen moeten op gelijke hoogte zitten, evenals de vloeiende lijnen aan de achterkant van de achterbenen.

HET JACHTMODEL

Dit model is genoemd naar het type paard waarvoor het het meest geschikt is. Rondom het zadel blijft een dunne haarstrook zichtbaar. De benen blijven ongeschoren.

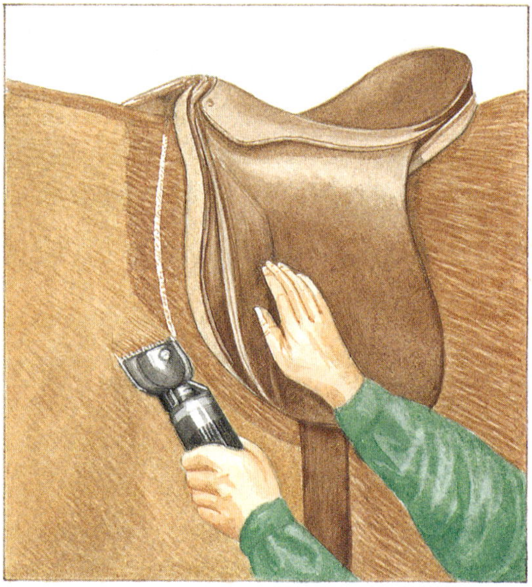

Scheren rondom het zadel
Scheer de hals. Begin dan rondom het zadel te scheren. Laat een brede strook haar over, zodat je nog fouten kunt maken. Werk nu de randen van het zadelstukje af.

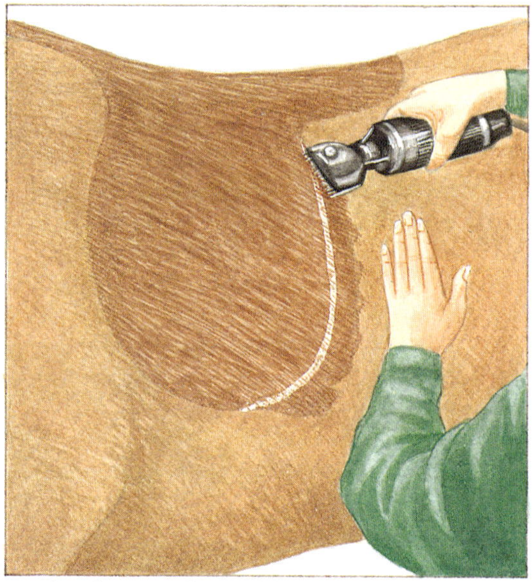

De afwerking van het zadelstukje
Om een mooie lijn op de rug te krijgen, moet je langzaam in de vacht scheren. Trek de machine dan terug uit de vacht. Scheer langs de lijn met korte halen.

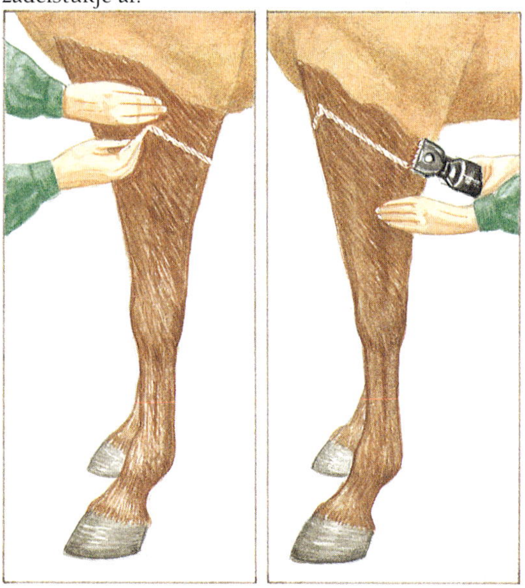

Markeren en scheren van de voorbenen
Gebruik je handen voor het meten (zie p. 17). Scheer dan langs de lijn.

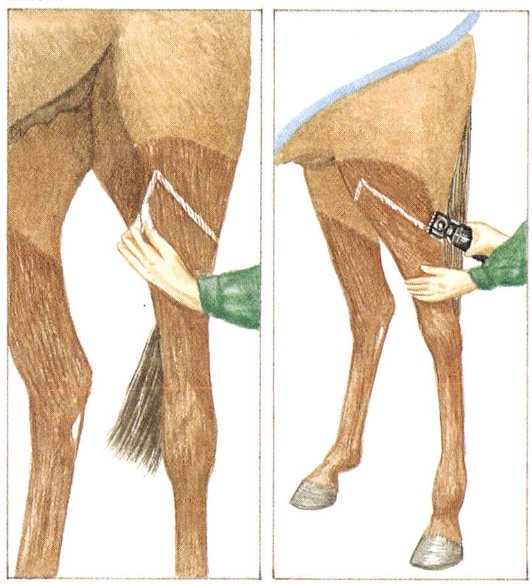

Markeren en scheren van de achterbenen
Geef met een krijtje de lijn zorgvuldig aan. Scheer dan langs de lijn.

Dekenmodel

Dit model wordt zo genoemd, omdat er een 'deken' van wintervacht blijft zitten op rug, lendenen en romp. Het is geschikt voor elk dier dat hard moet werken, maar een dunne huid heeft, of extra bescherming nodig heeft bij het gevoelige gebied rond de lendenen. Er moet voldoende haar verwijderd worden om de pony van een goede conditie te verzekeren. Zijn hoofd, dat helemaal geschoren wordt, zorgt ervoor dat hij bijna net zo mooi wordt als de pony die helemaal of in jachtmodel geschoren is.

De pony die in dekenmodel geschoren is, heeft een stal nodig en vraagt bijna evenveel zorg als de helemaal of in jachtmodel geschoren pony. Hij heeft iets meer bescherming tegen de kou en heeft geen uitrijdeken nodig tijdens de training. Bij zacht en droog weer, kan hij een paar uur per dag in de wei, met een dikke deken op.

Voordat je gaat scheren, moet je de vorm van de 'deken' met krijt aangeven op het lichaam van de pony.

- Gebruik de onderkant van het zadel om te bepalen waar de onderste lijn van de 'deken' moet komen te liggen.
- De vorm moet regelmatig zijn en aan beide kanten gelijk.
- Maak de hoeken van de 'deken' vloeiend, niet recht.
- Markeer en scheer de benen, zoals aangegeven op bladzijde 17 en 18.
- Wees erg voorzichtig met het scheren van het hoofd. Zie bladzijde 13 en 16.

HET DEKENMODEL
Bij dit model worden hoofd, hals, schouders en buik geschoren. De benen worden niet geschoren. Er blijft een 'deken' over op rug, lendenen en romp.

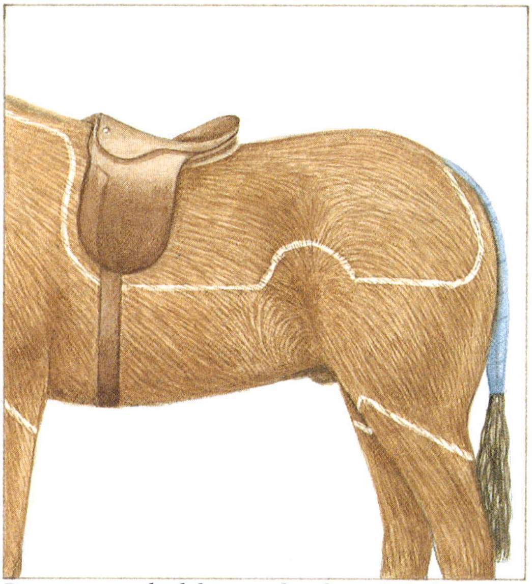

De vorm van de deken getekend met behulp van het zadel. Geef de vorm van de deken aan met krijt. Gebruik het zadel als uitgangspunt. De vorm moet er aan beide kanten gelijk uitzien. Markeer de benen zoals bij het jachtmodel.

Het tekenen van de vorm van de deken met krijt Krijtlijnen vervagen snel. Hier worden ze opnieuw aangebracht. Kleermakerskrijt is het beste. Gewoon geel krijt zie je goed op donkere pony's. Controleer of de lijn mooi vloeiend is.

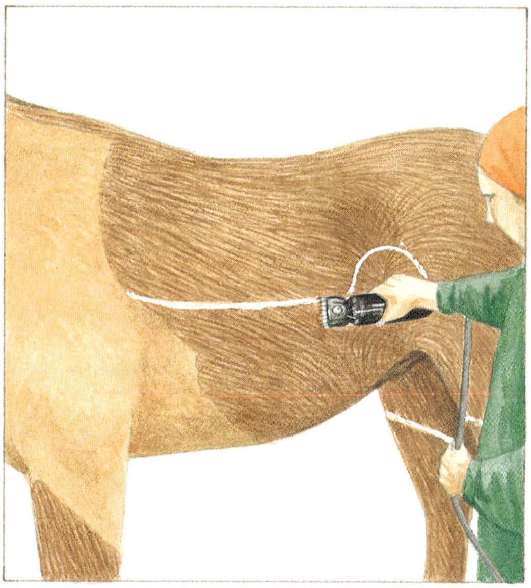

Het scheren van de onderste lijn van de deken Hier wordt het haar onder de krijtlijn weggeschoren. De lijn moet recht lopen, met uitzondering van een half cirkeltje boven de lies.

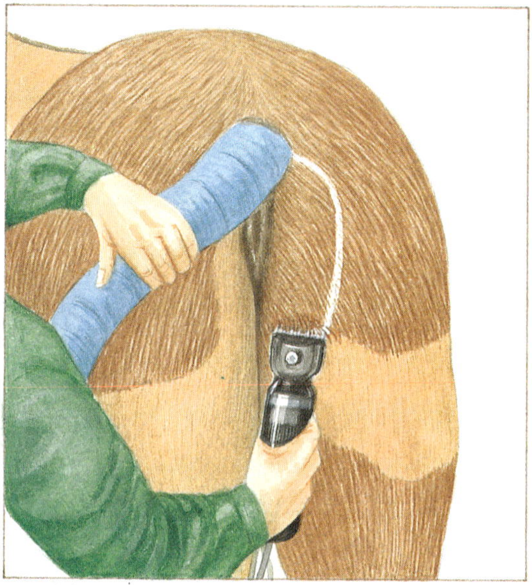

Het dekenmodel vanaf de achterkant Het haar onder de staartwortel wordt geschoren. Een bandage zorgt ervoor dat de staart niet in de weg zit. Als de staart plat ligt, zie je aan beide kanten een geschoren strook.

Streepmodel

Dit model werd voor het eerst gebruikt voor tuigpaarden. Het streepmodel is een goed compromis voor pony's. Ze kunnen dan hard werken in het weekend en in de vakanties zonder onnodige stress of conditieverlies, en ze kunnen normaal gesproken, voor een deel van de tijd of altijd buiten staan. De oorspronkelijke vorm van het streepmodel wordt soms aangepast voor dieren die op andere plaatsen zweten. Bij een hoog streepmodel wordt het hoofd ook geschoren.

Pony's die in een hoog streepmodel geschoren zijn, moeten op stal staan, dekens op hebben en regelmatig verzorging krijgen. Pony's die van nature gehard zijn, en in een erg laag streepmodel zijn geschoren, kunnen dag en nacht buiten blijven. Bedenk wat voor werk je pony zal moeten doen en gebruik je gezond verstand als je bepaalt in welk streepmodel je hem gaat scheren. De volgende factoren bepalen hoe lang je pony buiten kan staan:

1. Hoogte en vorm van het streepmodel.
2. Het type pony en de dikte van zijn wintervacht.
3. De tijd van het jaar en de weersomstandigheden.
4. De beschikbaarheid van goed passende dekens (soms één om te dragen en één om te luchten).
5. De hoeveelheid aanvullend voer (calorieën) die hij krijgt.

HET HOGE STREEPMODEL

Hier zijn het hoofd en de benen niet geschoren, maar de pony is wel in staat zwaar werk te doen. Het model ziet er netjes en bruikbaar uit. Het wordt vooral toegepast bij kopschuwe pony's.

HET MIDDEN STREEPMODEL

Dit originele streepmodel is een echt compromis: de pony heeft profijt van het scheren op de plaatsen waar hij het meeste zweet, maar houdt zijn wintervacht op het bovenste deel van zijn lichaam.

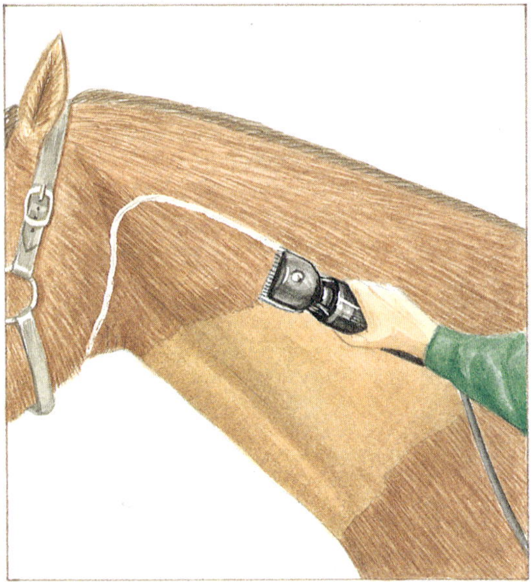

Beginnen met het scheren van de streep
Bepaal op welke hoogte je de streep wilt hebben op de hals en het lichaam. Geef de vorm met een krijtlijn aan. Bekijk van een afstand hoe het eruitziet. Begin dan met het scheren van de hals.

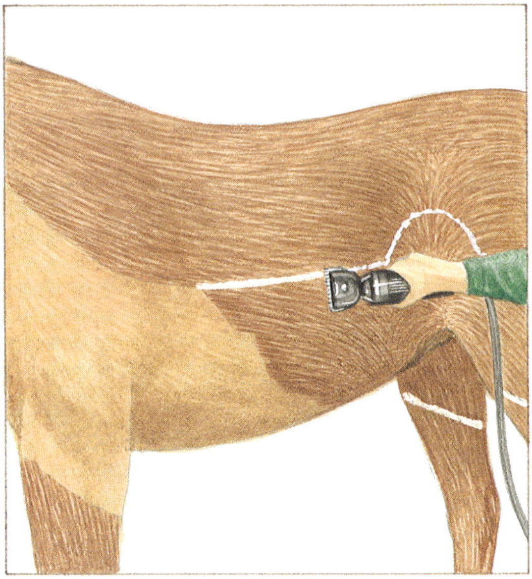

Het scheren van de te volgen lijn
De te volgen lijn vanaf de schouders naar de flank is erg lang en duidelijk zichtbaar. Neem er de tijd en moeite voor een rechte lijn te scheren. Het geheel mag er niet rafelig of pokdalig uitzien.

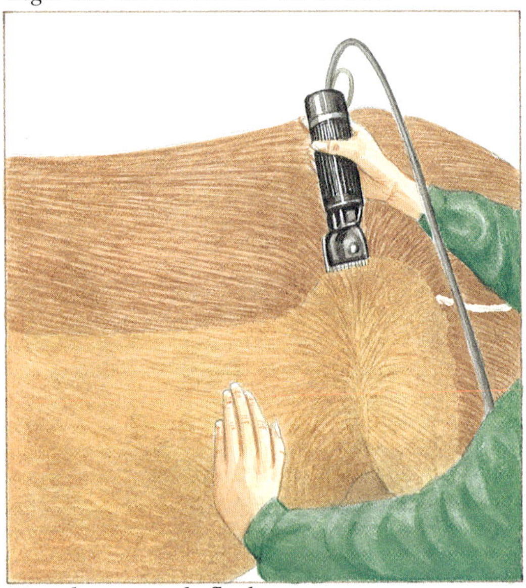

Het scheren van de flank
Scheer een boogje over de flank. Werk tegen de haarrichting in. Hier wordt alles netjes afgewerkt. Scheer licht, om te voorkomen dat je strepen krijgt.

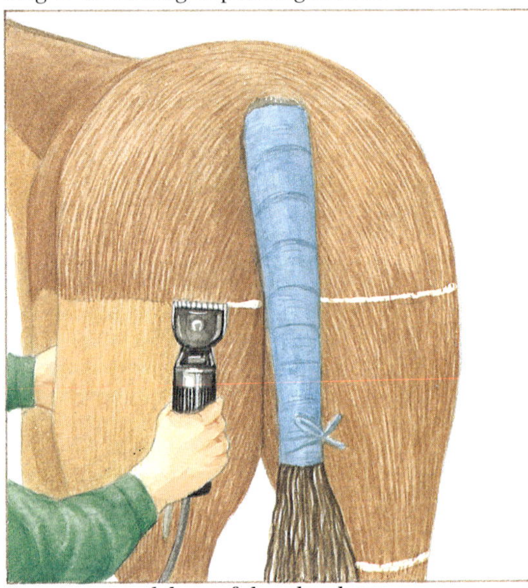

Het streepmodel vanaf de achterkant
Scheer volgens de krijtlijnen aan de achterkant van de achterbenen. Deze moeten, van achteren gezien, even hoog zijn. Als de pony op stal staat, kun je de vorm van bladzijde 20 aanhouden.

HET LAGE STREEPMODEL

Hier zijn luchtpijp, borst, gedeelte tussen de voorbenen en onderste deel van schouders en buik geschoren. Dit model is geschikt voor pony's die zo nu en dan hard moeten werken.

HET ZEER LAGE STREEPMODEL

Een strook bij de luchtpijp naar beneden, die breder wordt bij de borst en tussen de voorbenen en onder de buik doorgaat, is snel te scheren. Geharde rassen kunnen zo 's nachts buiten blijven.

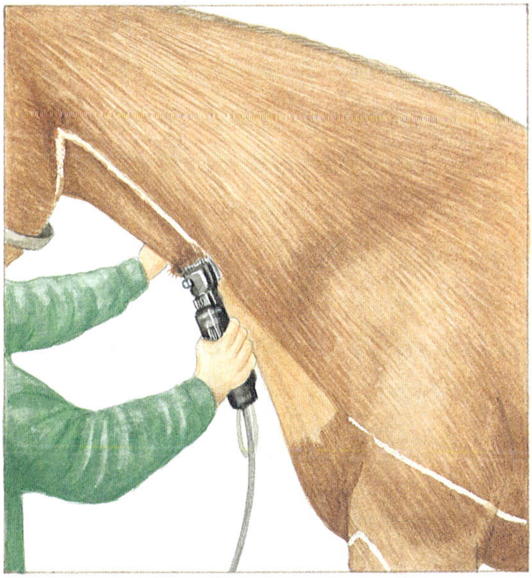

Beginnen met het scheren van de zeer lage streep
Trek met krijt de lijnen. Scheer een strook onder de hals, naar boven in de richting van de keel en van de borst naar de punten van de schouders. Scheer tussen de lijnen op de bovenarm.

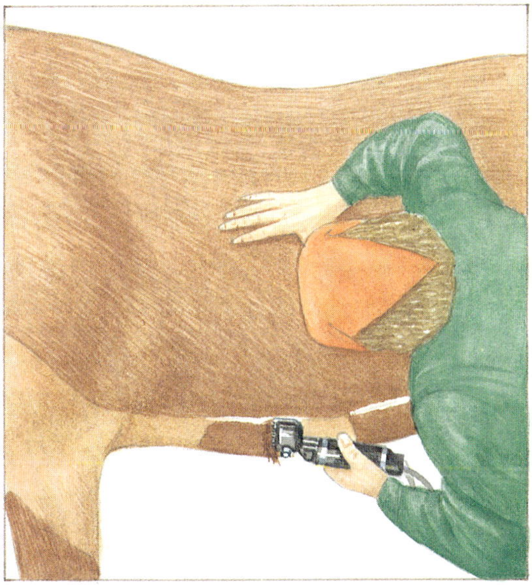

Het scheren van de buik
Trek aan beide kanten een krijtlijn, van de ellebogen tot de flanken. Scheer tussen de voorbenen. Scheer de buik tussen de lijnen en wees extra voorzichtig in de omgeving van de koker of uier.

Appendix

DE TAAK VAN DE HELPER

- Het vasthouden en geruststellen van een jonge of nerveuze pony.
- Het optillen en naar voren strekken van ieder voorbeen als de elleboog en de binnenkant van de bovenarm geschoren moeten worden. Het been moet bij de hoef of kogel vastgehouden worden, nooit bij de pezen. Zie bladzijde 15.
- Het afleiden van de pony als gevoelige plekjes geschoren worden.
- Het stil laten staan van de pony door het optillen van een voorbeen. (Dit is vooral handig bij het knippen of scheren van een nerveuze pony). De helper moet stevig staan met zijn voeten uit elkaar. Hij moet de hoef in de ene hand houden en met de andere de voorknie ondersteunen. Zie bladzijde 15. Als aan een achterbeen gewerkt wordt, moet het voorbeen aan dezelfde kant opgetild worden, omdat pony's kunnen trappen als ze in diagonale stand staan.
- Helpen met het hoofd, door de pony vast te houden en gerust te stellen. Indien nodig, moet hij het zicht belemmeren door een halfgebogen hand achter zijn oog te houden, net zoals bij een oogklep. Sommige delen van het hoofd kunnen gemakkelijker geknipt of geschoren worden als het halster af is en om de hals zit met de neusband naar achteren.
- Als al het andere mislukt, het aanbrengen en vasthouden van de praam, terwijl de laatste gevoelige plekjes geschoren worden.

WAAR JE MOET KNIPPEN EN SCHEREN

- Werk in een veilige, rustige en bij voorkeur afgesloten ruimte, als het kan buiten. Daglicht is het beste.
- Voor het scheren moet er een stopcontact in de buurt zijn.
- Scheer nooit buiten als het regent. Zorg ervoor dat je pony en jij op een droge bodem staan.
- Als je in een stal gaat scheren, veeg het strooisel dan weg. Het is dan gemakkelijker alles op te ruimen. Haal de wateremmer weg. Hoe minder metaal en water er in de buurt is, des te beter het is.
- Sommige mensen hebben speciale boxen voor het scheren, met rubbermatten op de vloer en speciaal kunstlicht. Deze zijn bijzonder nuttig als het te nat is om buiten te werken.
- Geef een hooinet. Het helpt de pony de tijd door te komen.

NUTTIGE TIPS

- Trek gemakkelijke en veilige kleren aan. Een jack of overall, aan de hals gesloten, beschermt je tegen irriterende haren. Draag geen wol, want losse haren blijven daaraan hangen. Doe als dat nodig is je haar in een staart en bedek het.
- Je schoenen moeten je enigszins beschermen. Draag geen sandalen. Je hebt rubber zolen nodig bij het scheren.
- Ga rustig en geduldig te werk. Haast je nooit, als je aan het scheren bent. Neem ruim de tijd: minimaal drie uur voor het scheren van de meeste modellen.
- Knip of scheer bij goed licht.
- Begin 's morgens met het scheren. In oktober koelt het 's middags snel af en wordt het vroeg donker.
- Realiseer je goed hoeveel schade de scheermachine of schaar kan aanrichten. Als je probeert teveel ineens te knippen of te scheren, wordt er teveel aan het haar getrokken. De meeste pony's die bang zijn voor scheermachine of schaar, zijn in het verleden verwond door trekkende mesjes.
- Bedenk dat pony's die nooit pijn of angst hebben ervaren, het toiletteren of scheren even plezierig zouden moeten vinden als een poetsbeurt.

THE LOSS OF T
TITANIC

by

Sir Arthur Rostron KBE RD RNR(Rtd)

With an introduction by

Mrs. Margaret Howman

Published by:

TITANIC STA SIGNALS ARCHIVE

Tel: (0373) 823271 Fax: (0373) 858185
30, Edenvale Road, Westbury, Wiltshire. BA13 3NY (United Kingdom)

First Published 1991

ISBN 0 9518190 0 3 (pbk)

Origination by
Graphics Plus, Bath.
Printed by
Norton Press Printing, Melksham.

Captain Sir Arthur H. Rostron, K.B.E., R.D., R.N.R. (Retd.)

Contents

List of Illustrations

Editor's Note

In the severe winter of 1946/7 I sailed from Tilbury to Cuxhaven in one of Mr Kaiser's 'Liberty Ships'. Towards the end of our passage we came upon an icefield which proved to be eight feet thick, extending for many miles off the German coast. Our skipper proceeded to navigate this in a manner which I considered nothing short of reckless. Memories came flooding back of what we had been taught in school of the fate of the luckless *Titanic*. On this occasion, however, there were fortunately no rivets to pop, and we reached Cuxhaven without a serious mishap!

Now, forty five years on, I find myself the custodian of a unique and remarkable collection comprising most of the *Titanic's* original telegraph signals. These provide first-hand accounts of events as seen through the eyes of ships' captains, radio operators, survivors, and others involved: a fascinating story of great human courage in the face of tragedy.

The initial discovery of the signals - which were pasted into a series of message books - brought to mind the hoax of the 'Hitler Diaries'. Were the signals genuine? And, if they were, why had they remained hidden for nearly eighty years while controversy continued to rage around the *Titanic* story, controversy to which much detail could have been added from a reading of the material I had in my hands?

Much appeared to point to the conclusion that the signals were genuine: a series of some hundreds of survivor messages, each written in a different contemporary hand; rubber stamps which, as time wore on, exhausted *Carpathia*'s supply of indigo ink! Something which had the ring of truth was the frequent deletion of superfluous words, clearly aimed at saving a shilling or two. Final proof of authenticity, however, was provided by Captain Rostron's daughter, Mrs Margaret Howman, who was able to confirm that several captain's notes from the wireless room of the *Carpathia*, written in the heat of the rescue, were indeed in her father's hand.

I am most grateful to Mrs Howman for permission to reproduce, from her late mother's inscribed copy of *Home from the Sea*, the chapter which tells the story of the loss of the *Titanic* and of the part played by *Carpathia* and her crew in the rescue of survivors. I am grateful also to Edward and Karen Kamuda, of the Titanic Historical Society, Inc., who have never wilted beneath the barrage of correspondence they have received since my discovery of the signals; to Donald Lynch, the Society's historian, who has provided much valuable information; and to Brian Cooper, Director of the Deep Sea Adventure Museum at Weymouth, who has mounted an exhibition of selected signals for the 80th anniversary of the disaster which display all that is best in the great tradition and craft of our maritime museums.

J.A.B. (MFM/MYG) Westbury, Wilts. 1991.

Introduction

I feel very privileged to have been invited as the only surviving child of my father, to write the introduction to this book. It is surely little short of remarkable that almost 80 years after the terrible *Titanic* disaster, my father's efforts, and those of his crew to rescue survivors, still excite the public imagination, and will doubtless continue to do so for as long as men go down to the sea in ships.

Father was born at Bolton in Lancashire and never had any other ambition than to go to sea. On leaving school he went as a cadet to the training ship *Conway*, an old wooden frigate lying in the Mersey. Two years later he joined his first vessel, the clipper *Cedric the Saxon*, outward bound from Hull to San Francisco. After several years under sail, promotion to junior officer brought him a berth on the Cunard cargo vessel, the *Umbria*. He remained with Cunard and his first command was the *Brescia*. His fifth, was to be the famous, but ultimately ill-fated *Carpathia*.

He served throughout the Great War, when no less than five ships on which he had previously served were lost as a result of enemy action, including the *Carpathia*. After the war, he and the *Mauritania* returned to their peacetime role in the North Atlantic and recaptured the Blue Riband for Britain. His final command was the *Berengaria*, which was the last Cunarder to fly his Commodore's pennant before he retired.

The Rostron family were now living at West End, Southampton, our house poised on a hill overlooking the Downs. Time now for less exciting things, not least father's favourite pastime, the construction of giant bonfires, which sometimes resulted in his rapid return to the house with singed eyebrows! Time also, to look back on a full and exciting life, sprinkled with honours, awards and presentations, from his Sovereign, The President of the United States, and countless friends and wellwishers the world over.

Margaret Howman

S.O.S.

"S.O.S. We have struck iceberg require assistance , position 41.46N 50.14W. Titanic"
During this century, Marconi's invention of wireless telegraphy has been responsible for saving the lives of many thousands of people, on land, sea and in the air. In this resume, John Booth uses the recently discovered Titanic Signals Archive to chart the life saving role of the new invention in the Tragic disaster of 1912.

The archive signals are mostly hand written on the forms of the Marconi International Marine Communication Company and were gathered as evidence for the British Government Enquiry into the disaster in 1912.

The enquiry took place just weeks after the sinking and the signals would have been collected at the time.

The *Titanic* sank in the early hours of April 15th, after hitting an iceberg on her maiden voyage from Southampton to New York. Among the signals are messages to and from the *Titanic* - including her calls for help, messages from the ships which rushed to her aid and telegrams from the survivors to relatives at home.

It is believed that the signals were discarded many years after the British Enquiry, for although the sinking of the *Titanic* was a great tragedy, its impact would have been overridden by the many thousands of lives lost during the first World War a few years later.

The signals have been mounted on hand made paper and collated into booklets. The vast majority of them are original and even have the calculation of their cost on them.

The Titanic Archive starts with the messages to and from the *Titanic* between April 12 and 15. The ice messages from the 12th to the 14th are collated separately.

There are signals to and from J Bruce Ismay, the managing director of the White Star line which owned the *Titanic*. Mr Ismay survived the sinking in controversial circumstances and the signals describe his actions after being rescued by the Cunard Liner *Carpathia*. In some cases he has signed himself yamsi - his surname in reverse.

Other signals come from Captain Arthur Rostron of the *Carpathia* and her rescued passengers. Some were so eager to get a message sent that they scrawled words on scraps of paper to be attached later to the official Marconi forms, thus providing valuable signed examples of the handwriting of some of the 703 survivors.

The claim by the technical press that the *Titanic* was virtually unsinkable, due to her double bottom and watertight doors, had inspired confidence which today seems merely misguided. The inquiry was told that it was some 20 to 30 minutes before the crew realised the seriousness of the situation.

Then the first distress signals echoed across the airwaves: "CQD (the old distress signal) Require Assistance. Position 41 46 N 50 14 W. Struck iceberg. *Titanic*." She was the first passenger liner to use the new international distress signal, SOS, as well as CQD.

The *Titanic* went down at about 2.20am, about two hours and 40 minutes after the

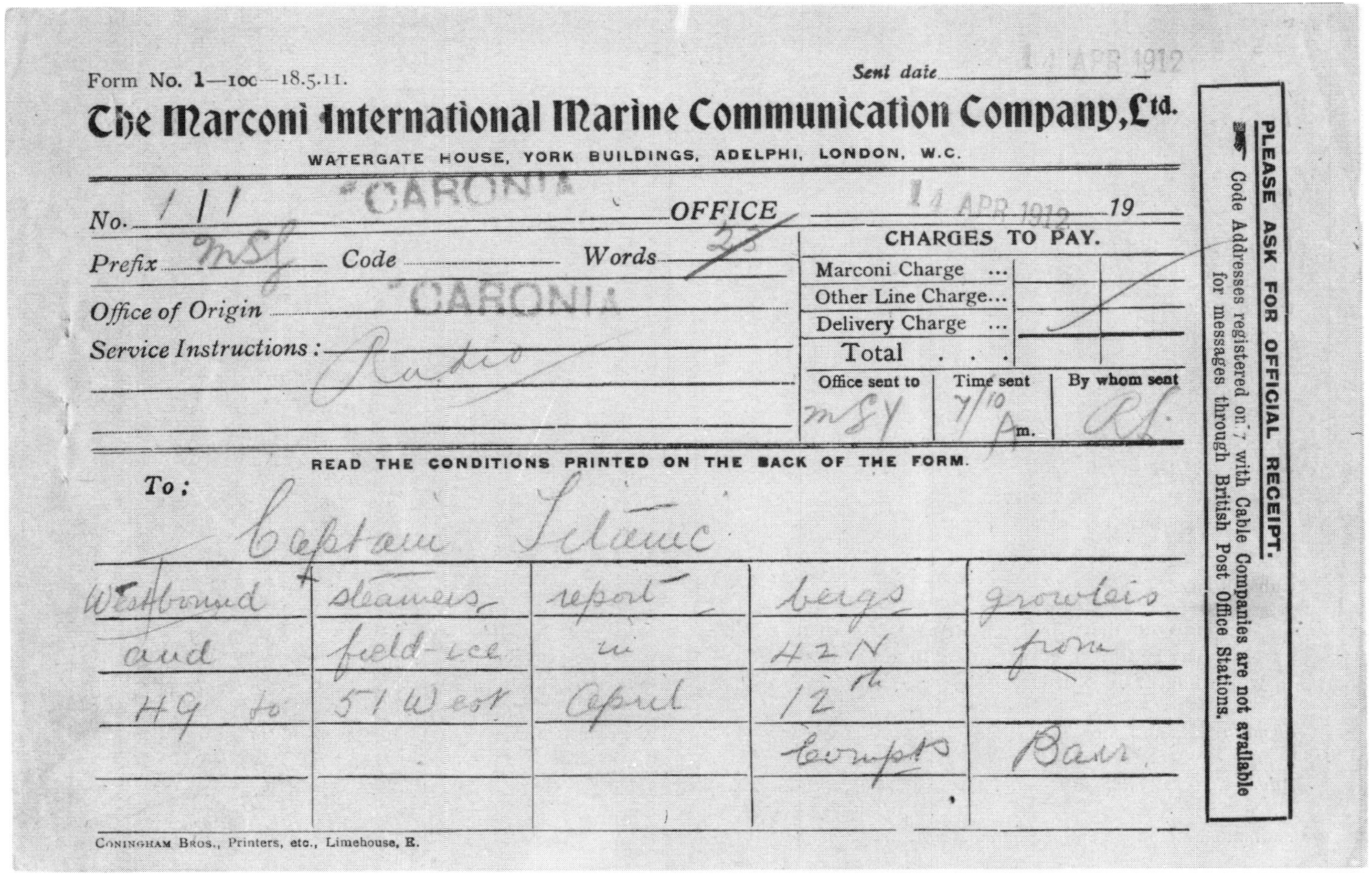
Form No. 1—100—18.5.11.

Sent date 14 APR 1912

The Marconi International Marine Communication Company, Ltd.

WATERGATE HOUSE, YORK BUILDINGS, ADELPHI, LONDON, W.C.

"CARONIA"

No. 111 OFFICE 14 APR 1912 19

Prefix MSL Code Words 25

Office of Origin "CARONIA"

Service Instructions: Radio

CHARGES TO PAY.		
Marconi Charge ...		
Other Line Charge...		
Delivery Charge ...		
Total . . .		

Office sent to	Time sent	By whom sent
MGY	7/10 Am.	RL

PLEASE ASK FOR OFFICIAL RECEIPT.

Code Addresses registered only with Cable Companies are not available for messages through British Post Office Stations.

READ THE CONDITIONS PRINTED ON THE BACK OF THE FORM.

To: Captain Titanic

Westbound	steamers	report	bergs	growlers
and	field-ice	in	42 N	from
49 to	51 West	April	12th	
			Compts	Barr

Coningham Bros., Printers, etc., Limehouse, E.

Captain Barr's Ice warning to Titanic.

Reproduced by permission of G.E.C. – Marconi.

collision. More than 1500 souls went with her, including her master, Captain Smith, and Thomas Andrews, managing director of Harland and Wolff, one of *Titanic's* designers.

In the meantime, ships in the locality had been responding to the distress calls, apart from one which appeared close by.

She was later identified as the *Californian* and how far away she was on the night remains the subject of contention. In July, 1990 a re-examination of her case was ordered by the Transport Secretary, Mr Cecil Parkinson in the light of new evidence.

A previously unknown log of wireless calls from a Russian ship, the *Birma*, supports the claim by the master of the *Californian*, Captain Stanley Lord, that he was stopped in field ice some 19 miles from the stricken *Titanic*.

None of the *Titanic*'s distress calls were received by the *Californian* as her radio operator had closed down for the night at 11.30pm, just ten minutes before the collision.

The story of the sinking from here is best told through the message book of the *Titanic's* sister ship, the *Olympic*. At 11.35pm (New York time) Captain Haddock of the *Olympic* radioed his position to the *Titanic* and asked: "Are you steering southerly to meet us? Some 15 minutes later he sent his final message to the stricken liner. "Am lighting up all possible boilers as fast as can. Haddock."

The *Olympic* was beaten to the scene by the Cunard liner *Carpathia*, which was 60 miles away from the *Titanic* when she heard her calls for help. However, the *Olympic's* powerful transmitter enabled the *Carpathia* to receive and send messages to New York.

The pride and utter confidence which the *Titanic* inspired may seem misguided, arrogant, even insane, today.

Yet the vessel, British built and American owned, embraced all the feelings of achievement of her age. The World was stunned when she sank in the early hours of April 15, 1912, with the loss of more than 1500 lives.

A product of Harland and Wolff shipyard in Belfast, the *Titanic* was the largest ship and her best cabins were sumptuously fitted out. Her 2227 passengers and crew could have been filled with only pride when she set sail from Southampton to New York on her maiden voyage on April 10, 1912.

That optimism and confidence was still much in evidence as she crossed the Atlantic, even when her wireless operators began to receive warnings of ice from ships ahead of her.

Wireless was in its infancy and messages between ships were sent by morse code. Range was limited and signals were passed from ship to ship or from ship to shore stations to reach their destination - all of which served to hamper the transmission of news after the tragedy.

The range of the sending equipment on the Cunard liner *Carpathia*, which picked up all the survivors from the *Titanic*, was just 150 miles. She was too far away to communicate directly with the shore, but transmitted messages through the *Titanic's* sister ship, *Olympic*. The *Olympic's* message book provides a comprehensive overview of the tragic events.

Wireless equipment and operators were supplied to British vessels by the Marconi International Marine Communication Co Ltd.

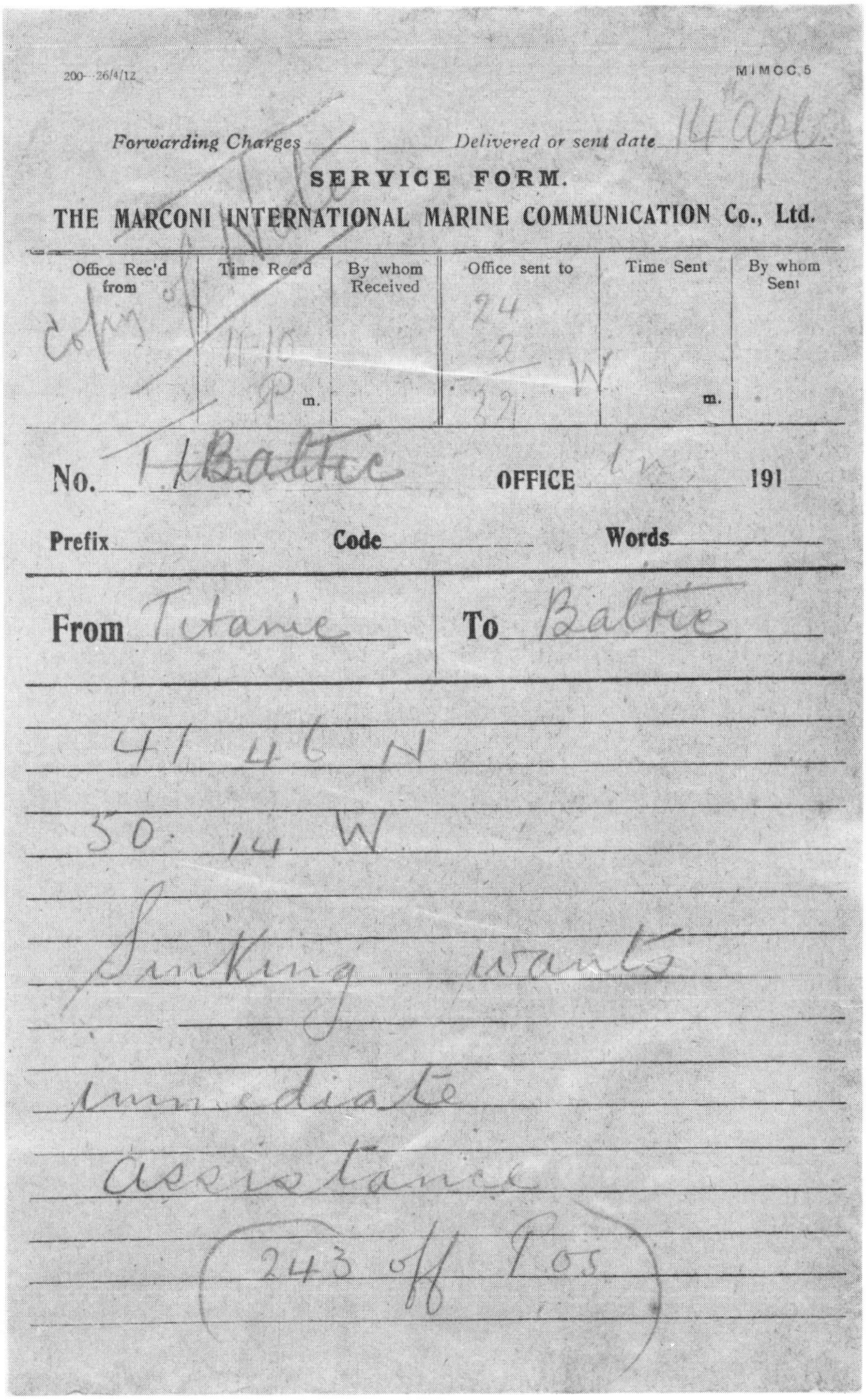

200—26/4/12 MIMCC.5

Forwarding Charges ________ *Delivered or sent date* 14 Apl

SERVICE FORM.

THE MARCONI INTERNATIONAL MARINE COMMUNICATION Co., Ltd.

Copy of Note

Office Rec'd from	Time Rec'd	By whom Received	Office sent to	Time Sent	By whom Sent
	11.10 P m.		24 2 22 W	m.	

No. 1 Baltic **OFFICE** ______ **191**

Prefix ______ **Code** ______ **Words** ______

From Titanic **To** Baltic

41 46 N

50 14 W

Sinking wants

immediate

assistance

(243 off Pos)

Distress signal received by Baltic. *Reproduced by permission of G.E.C. – Marconi.*

However, the operators could be law unto themselves. On the *Titanic* the sending out of personal messages from passengers, which would have earned income for the Marconi Company, appears to have taken priority over incoming ice warnings.

Although not out to break the record for crossing the Atlantic on this occasion, it appears that Mr J Bruce Ismay, managing director of the White Star Line which owned the *Titanic,* had decided what speeds the *Titanic* was to maintain on her maiden voyage. The ship's course was however, acceptable for the time of year.

At the time of the collision the *Titanic* was travelling at 22 knots, or 26-27 miles an hour - an incredible speed for a ship of its size. She might have taken a mile to come to a stop - certainly further than her look-outs could have seen into the distance on this moonless night.

The British government inquiry report states: "The court. . . finds. . . that the loss of the said ship was due to collision with an iceberg, brought about by the excessive speed at which the ship was being navigated."

Reading through the signals brings the story of the *Titanic* to life. From the first euphoric messages of congratulation from well wishers, through the ice warnings, the calls for help and the vessels rushing to the aid of the stricken ship, the queries about casualties and finally the messages from survivors - you can almost hear the morse code bleeping across the airwaves.

At 7.45am the *Olympic* responded to a request for information from Mr P A S Franklin, vice-president of the International Mercantile Marine Company, which owned White Star Line. It said "Since midnight. . . we have been unable to communicate. We are now 310 miles from her. I am under full power. Will inform you at once if I hear anything."

Captain Haddock requested information from other ships in the area and was able to give more details at 7.50am. "*SS Parisian* reports *Carpathia* in attendance and picked up 20 boats of passengers and *Baltic* returning to give assistance. Position not given."

The *Carpathia* had reached the scene at dawn and picked up 705 survivors between 4.45 and 8.30am. At 2.10pm she contacted the *Olympic*: "We received distress signal call from the *Titanic* at 11.20 and proceeded right to the spot mentioned. On arrival at daybreak we saw ice 25 miles long apparently solid. Quantity of wreckage and a number of boats full of lives. We raised about 670 souls."

"*Titanic* has sunk she went down in two hours, captain and all engineers. Our captain sent order that there was no need for the *Baltic* to come any further so with that she returned on her course to Liverpool. We have two or three officers on board and the second Marconi operator, who had been creeping his way though water at 30 degrees for several hours. Mr Ismay is aboard."

A further signal at 3.18pm (NYT) states: "Mr Bruce Ismay is under opiate." He must have been in great shock, which may explain why his first recorded signal from *Carpathia* was not sent until 5.50am on April 17, despite being dated April 15.

"To Islefrank, New York. Deeply regret to advise you *Titanic* sank this morning 15th after collision iceberg resulting serious loss life. Further particulars later. Bruce Ismay."

His later messages indicate an eagerness to get things sorted out: "Send responsible ship's officer and 14 White Star sailors in two tug boats to take charge of 13 *Titanic* (life) boats."

It is widely believed that Bruce Ismay became a recluse in Ireland after the disaster.

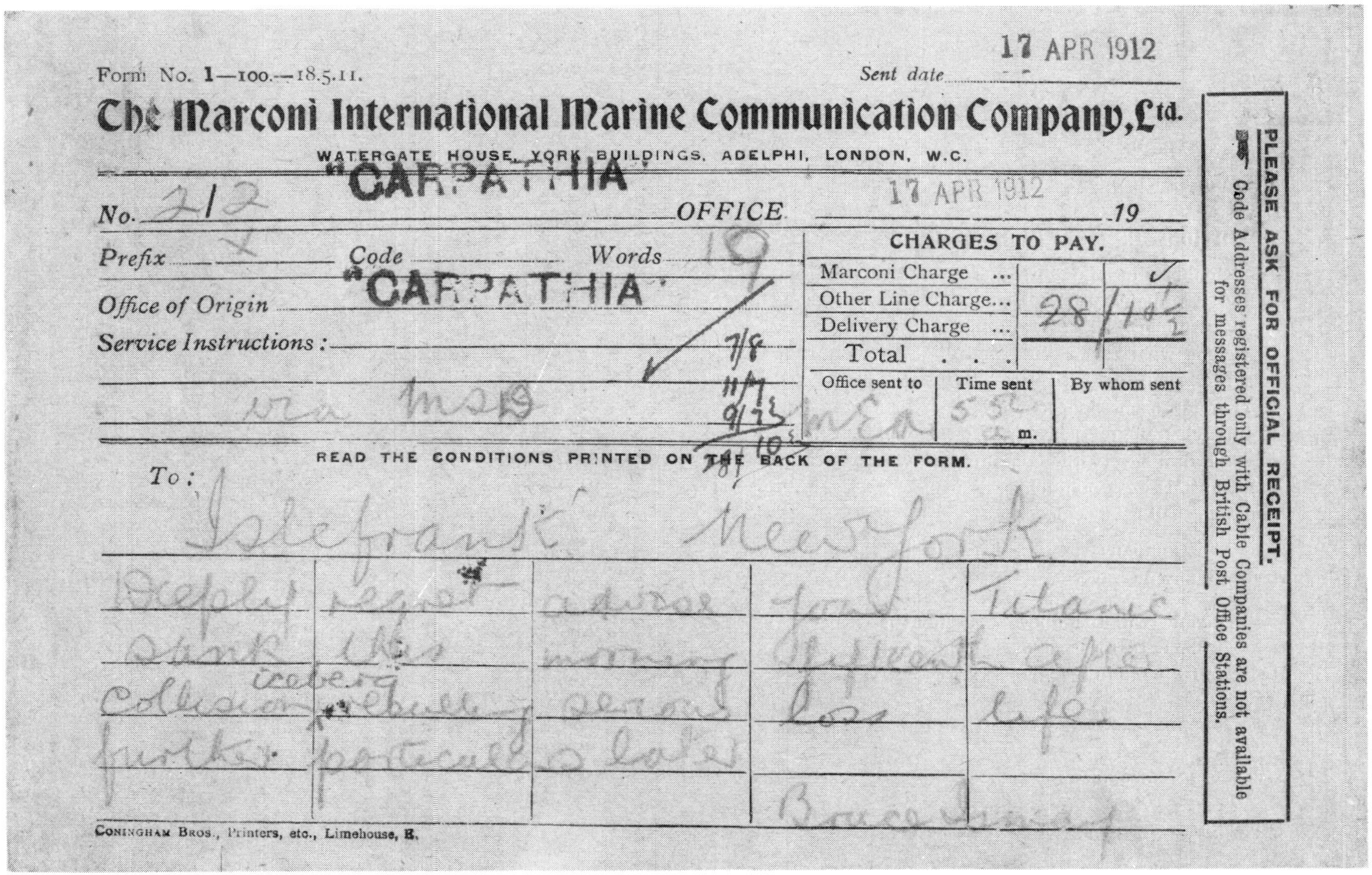
Form No. 1—100.—18.5.11.

Sent date 17 APR 1912

The Marconi International Marine Communication Company, Ltd.

WATERGATE HOUSE, YORK BUILDINGS, ADELPHI, LONDON, W.C.

"CARPATHIA"

No. 212 OFFICE 17 APR 1912 19

Prefix X Code Words 19

Office of Origin "CARPATHIA"

Service Instructions:

via MSB

CHARGES TO PAY.	
Marconi Charge ...	✓
Other Line Charge...	28/10½
Delivery Charge ...	
Total . . .	

Office sent to	Time sent	By whom sent
MEA	5.50 a.m.	

READ THE CONDITIONS PRINTED ON THE BACK OF THE FORM.

To: Islefrank New York

Deeply regret advise you Titanic sank this morning fifteenth after collision iceberg resulting serious loss life. further particulars later.

Bruce Ismay

CONINGHAM BROS., Printers, etc., Limehouse, E.

PLEASE ASK FOR OFFICIAL RECEIPT.

Code Addresses registered only with Cable Companies are not available for messages through British Post Office Stations.

Mr. Ismay's signal of the 15th (sent 17th).

Reproduced by permission of G.E.C. – Marconi.

In fact he continued in his business life and in 1922 he was appointed a director of the London, Midland and Scottish Railway. He died in 1937.

To the benefit of the Marconi company, radio had provided the only contact with the rest of the world, but little real detail of the tragedy had emerged. It prompted the following at 3.15am on April 18. "To operator *Carpathia*. Wire news dispatches immediately to MSC or to navy boats if this is impossible. Ask Captain give reason why no news allowed to be transmitted. Guglielmo Marconi."

When the *Carpathia* pulled into New York on the evening of April 18, nearly four days after the Titanic went down, some 77 messages remained unsent - probably due to sheer pressure of work.

The *Carpathia's* radio operator Harold Cottam had sent and received more than 300 signals during the emergency. Harold Bride, the *Titanic's* surviving radio operator who had spent some time in the water, later joined him at work. At 12.45pm, however, Cottam signalled to his employers in New York: "Please wire instructions for Titanic operator and myself. Titanic man unable to walk. Regret unable to cope with enormous rush of work."

"Jack, Margaret and I safe. No news yet of Mr Thayer" came from Mrs Thayer, who was rescued with her son and maid. Her late husband, Mr J B Thayer, was vice president of the Pennsylvania Railroad.

Probably most notable among the deceased was the multi-millionaire Colonel J J Astor, the richest man on board. Other famous names include the millionaire Benjamin Guggenheim, who returned to his cabin to change into full evening dress in order to die like a gentleman, and Mr Isidor Straus, of the famous store Macy's in New York, who died with his wife.

There has been debate since about who should have escaped from the *Titanic*, but by far the most controversial was J Bruce Ismay, chairman of the White Star Line, who jumped into the last boat to leave after helping passengers off the ship.

Less fortunate was Mr Thomas Andrews, managing director of shipbuilders Harland and Wolff Ltd, one of the Titanic's designers.

The rich and famous are most often remembered, but there were passengers from the lower social classes too. All became equal as the great liner sank.

Despite the tragedy, however, some of the signals do raise a smile - "Meet me dock with 200 dollars, underwear, cap, big coat. Am well but feel slightly frozen, George."

Before being diverted, *Carpathia* had been heading east. Now she had to return to New York before continuing her voyage.

As relatives were impatient for news, so too were the Press. You can picture the hacks trying desperately to get their exclusive.

From the New York American: "Please tell Stead and Futrelle, Titanic Passengers, to send wireless story quick to American." Alas, both were drowned.

"Major Birkhead please wire good story on your observations *Titanic*. Many facts as possible. Herald, New York."

To E N Kimball, jnr at 6.30am on April 17: "Boston Globe anxious get full narrative disaster. Can you write it for delivery to Globe representative on dock New York. Will pay liberally. Rush answer to Winfield Thompson, Globe Man on steamer *Franconia*. His expense."

Winfield Thompson was not a man to be put off, for five minutes later: "Operator

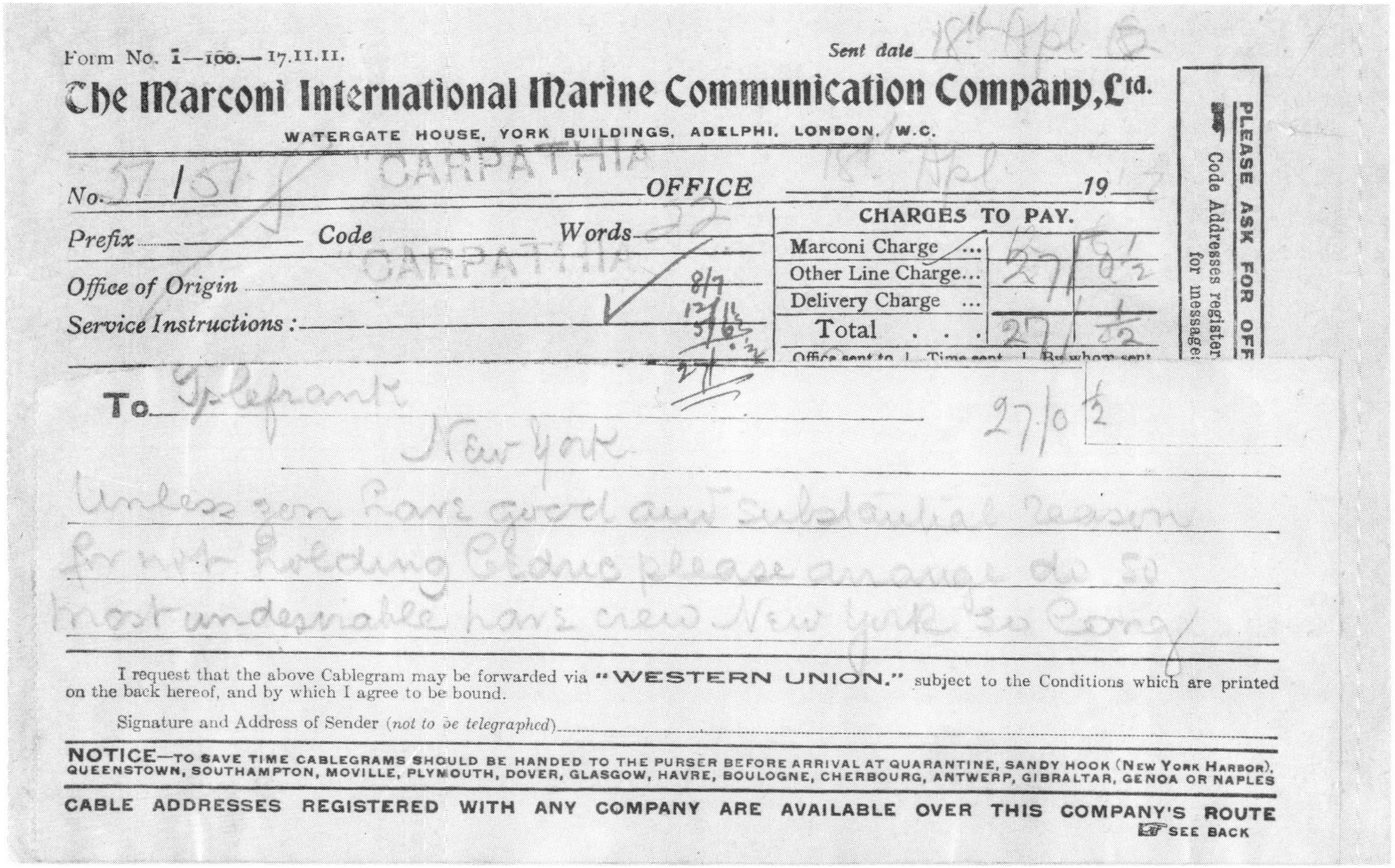

Form No. 1—100.—17.11.11. Sent date

The Marconi International Marine Communication Company, Ltd.

WATERGATE HOUSE, YORK BUILDINGS, ADELPHI, LONDON, W.C.

CARPATHIA

No. ______ OFFICE ______ 19__

Prefix ______ Code ______ Words ______

CARPATHIA

Office of Origin ______

Service Instructions: ______

CHARGES TO PAY.	
Marconi Charge ...	
Other Line Charge...	
Delivery Charge ...	
Total . . .	

To ______

I request that the above Cablegram may be forwarded via "WESTERN UNION," subject to the Conditions which are printed on the back hereof, and by which I agree to be bound.

Signature and Address of Sender (*not to be telegraphed*) ______

NOTICE—TO SAVE TIME CABLEGRAMS SHOULD BE HANDED TO THE PURSER BEFORE ARRIVAL AT QUARANTINE, SANDY HOOK (NEW YORK HARBOR), QUEENSTOWN, SOUTHAMPTON, MOVILLE, PLYMOUTH, DOVER, GLASGOW, HAVRE, BOULOGNE, CHERBOURG, ANTWERP, GIBRALTAR, GENOA OR NAPLES

CABLE ADDRESSES REGISTERED WITH ANY COMPANY ARE AVAILABLE OVER THIS COMPANY'S ROUTE

SEE BACK

PLEASE ASK FOR OFF

Code Addresses register for message

Final Signal from Mr. Ismay to Mr. Franklir. *Reproduced by permission of G.E.C. – Marconi.*

Carpathia can you get survivor write Boston Globe full narrative disaster and also wireless report to *Franconia*. If so get most promising man, preferably Frank D Millett or Major Butt. All charges paid here. Winfield Thompson."

At least one reporter got his story, for the message book ends with: "To Marconi officers *Carpathia* and *Titanic*. Arranged for your exclusive story for dollars in four figures. Mr Marconi agreeing. Stop, say nothing until you see me. F. Sammis."

Though the name of the *Titanic* is now synonymous with disaster her design was by no means a failure. The *Titanic* was the second of three vessels of a similar size in the *Olympic* class.

Work to build the *Olympic*, which played such a vital role in the transmission of news of survivors after the sinking, began in December 1908, followed by the *Titanic* in 1909, the only difference between the two vessels being in weight - the *Titanic* was much more luxuriously fitted out than her sister.

The Ledger paper on which the signals are mounted bears the image of Britannia as a watermark. In the case of the *Titanic*, Britain certainly did not rule the waves.

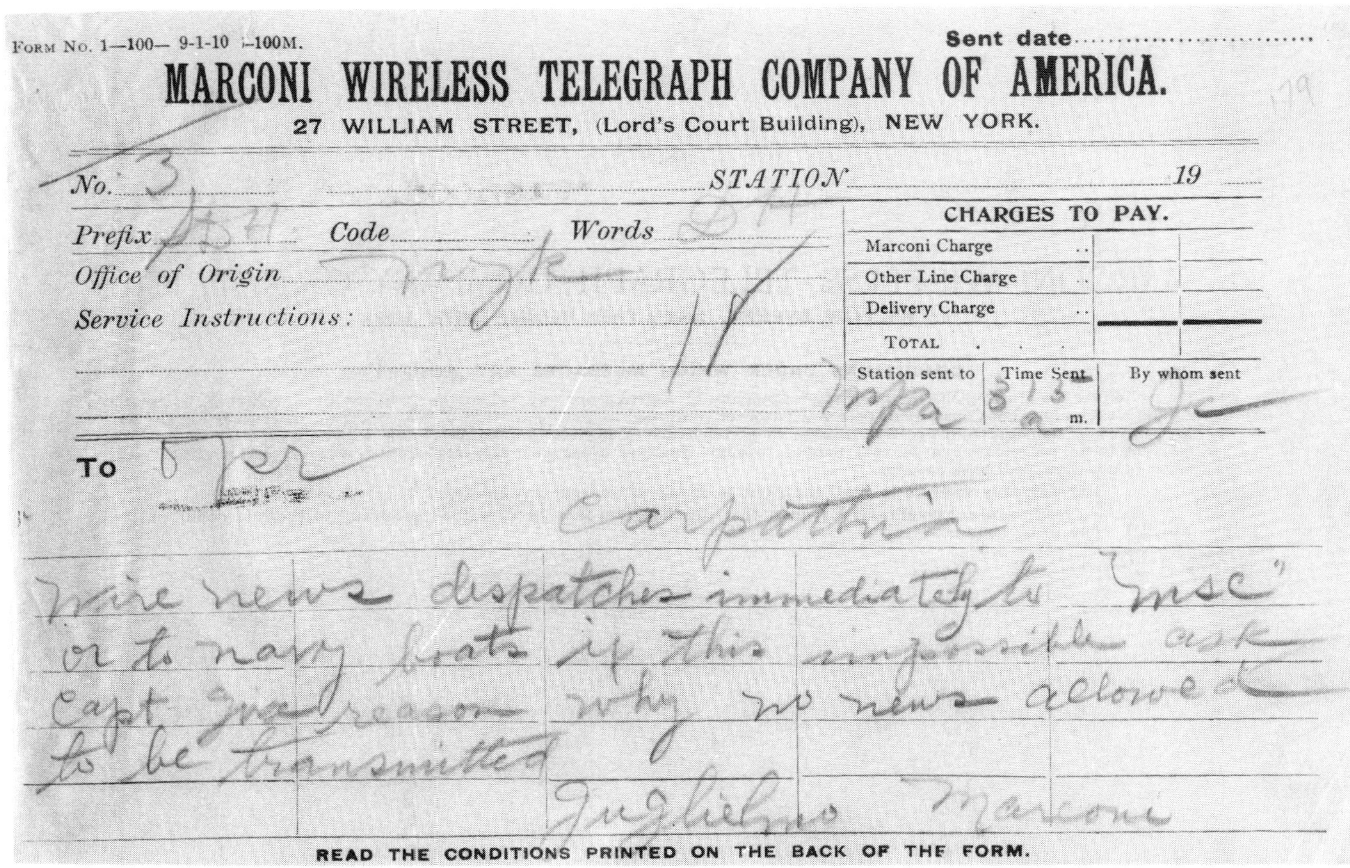

FORM No. 1—100— 9-1-10 —100M. **Sent date**

MARCONI WIRELESS TELEGRAPH COMPANY OF AMERICA.

27 WILLIAM STREET, (Lord's Court Building), NEW YORK.

No. 3 STATION 19

Prefix SH Code Words

Office of Origin

Service Instructions:

CHARGES TO PAY.		
Marconi Charge		
Other Line Charge		
Delivery Charge		
TOTAL		

Station sent to	Time Sent	By whom sent
MPA	8 15 a m.	Jc

To Oper

Carpathia

Wire news dispatches immediately to "MSC" or to navy boats if this impossible ask Capt give reason why no news allowed to be transmitted

Guglielmo Marconi

READ THE CONDITIONS PRINTED ON THE BACK OF THE FORM.

Mr. Marconi's signal to 'Operator Carpathia'. *Reproduced by permission of G.E.C. – Marconi.*

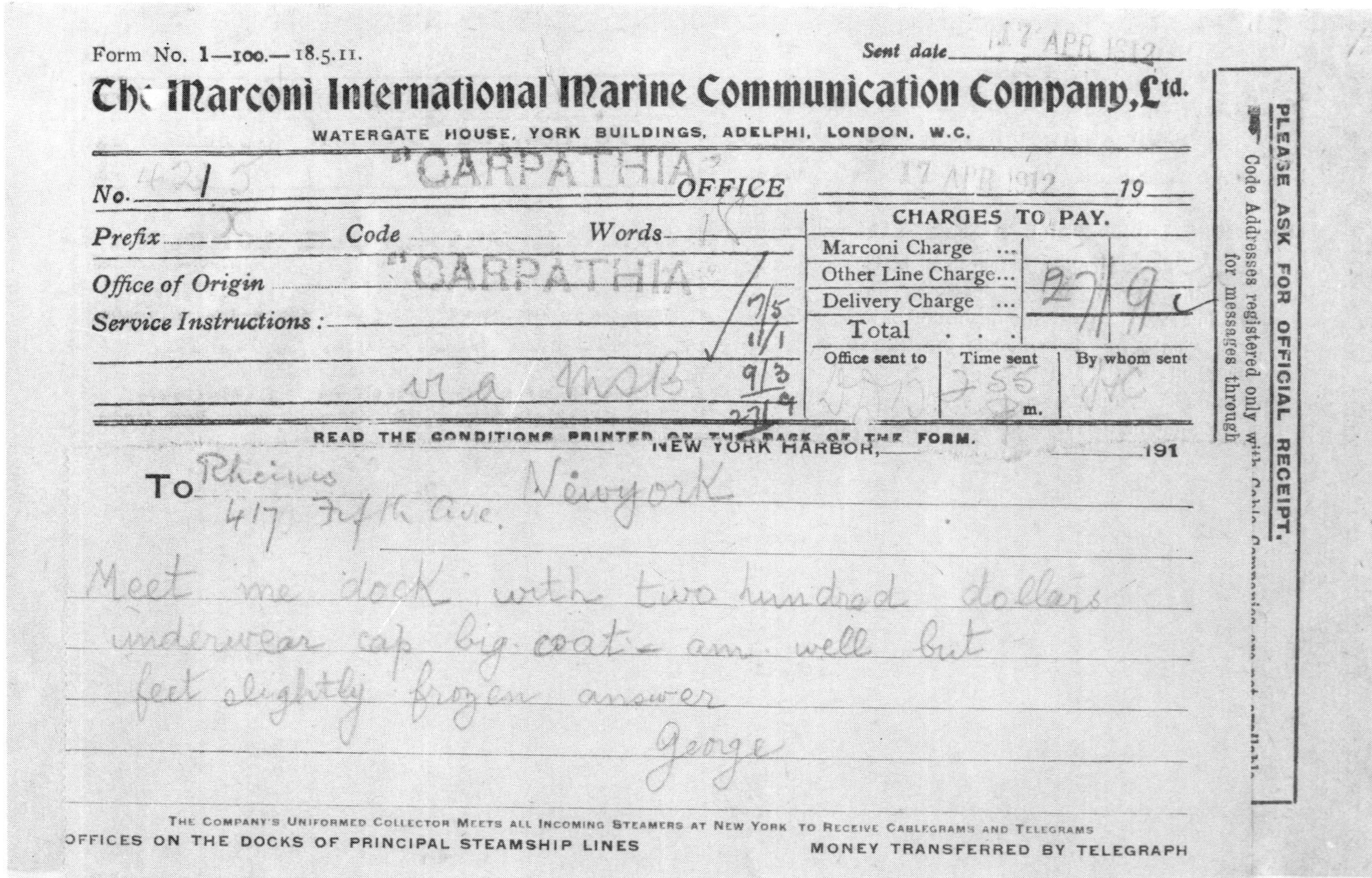

Form No. 1—100.—18.5.11. Sent date 17 APR 1912

The Marconi International Marine Communication Company, Ltd.

WATERGATE HOUSE, YORK BUILDINGS, ADELPHI, LONDON, W.C.

No. 1 "CARPATHIA" OFFICE 17 APR 1912 19

Prefix X Code Words 18

Office of Origin "CARPATHIA"

Service Instructions : 7/5 11/1 via MSB 9/3 27/9

CHARGES TO PAY.	
Marconi Charge ...	
Other Line Charge...	27/9
Delivery Charge ...	
Total . . .	

Office sent to	Time sent	By whom sent
	7.55 m.	

READ THE CONDITIONS PRINTED ON THE BACK OF THE FORM.

NEW YORK HARBOR, 191

PLEASE ASK FOR OFFICIAL RECEIPT.

Code Addresses registered only with Cable Companies are not available for messages through

To Rheims
417 Fifth Ave. Newyork

Meet me dock with two hundred dollars
underwear cap big coat am well but
feet slightly frozen answer
George

THE COMPANY'S UNIFORMED COLLECTOR MEETS ALL INCOMING STEAMERS AT NEW YORK TO RECEIVE CABLEGRAMS AND TELEGRAMS

OFFICES ON THE DOCKS OF PRINCIPAL STEAMSHIP LINES MONEY TRANSFERRED BY TELEGRAPH

Survivor message from Mr. George Rheims. *Reproduced by permission of G.E.C. – Marconi.*

The Loss of the Titanic

Of the thousand pictures retained in my mind of that tragic night when the *Titanic* was lost, the first that recurs is of a man stooping as he unlaced his boots!

He was the Marconi operator on board the *Carpathia*, and if that officer had not been keen on his job, ignoring the regulation time to knock off, many of the seven hundred-odd lives we were able to save that night might have been added to the appalling list of dead that marks the disaster as the greatest in maritime history.

In those days wireless was but a recent addition to the equipment of ships at sea. We were quite proud of our installation, though it had a normal range of only 130 miles, and just over 200 miles in exceptionally favourable circumstances.

And we only carried one operator.

This man should have finished duty at midnight. Yet here was half past twelve and he was still listening in. But he was on the very point of retiring. He was, in fact, in the act of bending down to undo his boots when the dread call came, for in his interest he still retained the phones upon his ears.

"S.O.S. *Titanic* calling. We have struck ice and require immediate, assistance."

One can imagine him jerking upright, the alarm growing in his mind, though to be sure, in those first minutes, we none of us permitted our fears to embrace so devastating an accident as it was destined to prove. But it was the *Titanic*, a mammoth ship, proudful in her size and power, carrying over two thousand souls and making her maiden voyage from England to America! That was sufficient to impress on the operator the magnitude of the danger and, throwing the earphones on the table, he raced to the first officer who was on watch at the time.

It is a dramatic thought, that if the signal had been two or three minutes later we would not have picked it up!

The news was at once brought to me. Curious how trivial things stamp themselves on the mind in moments of crisis. I can remember my door opening — the door near the head of my bunk which communicated with the chart-room. I had but recently turned in and was not asleep, and drowsily I said to myself: "Who the dickens is this cheeky beggar coming into my cabin without knocking?"

Then the first officer was blurting out the facts and you may be sure I was very soon wide awake, with thoughts for nothing but doing all that was in the ship's power to render the aid called for.

So incredible seemed the news that, having at once given orders to turn the ship — we were bound from New York to Gibraltar and other Mediterranean ports, while the *Titanic* was passing us westward bound, sixty miles to our nor'ard — I got hold of the Marconi operator and assured myself there could have been no mistake.

"Are you sure it is the *Titanic* that requires immediate assistance?" I asked him.

"Yes, sir."

But I had to ask again. "You are absolutely certain?" for remember, the wireless was not at the pitch of perfection and reliability it is to-day.

"Quite certain," he replied.

"All right," I said then. "Tell him we are coming along as fast as we can."

Titanic Passengers coming aboard the *Carpathia*.

I went into the chart-room, having obtained from the operator the *Titanic's* position. It was Lat. 41° 46' N., Long. 50° 14' W.

I at once worked out the course and issued orders. Within a few minutes of the call we were steaming all we knew to the rescue. The *Carpathia* was a fourteen-knot ship, but that night for three and a half hours she worked up to seventeen knots. One of the first things I did, naturally, was to get up to chief engineer, explain the urgency of matters and, calling out an extra watch in the engine-room, every ounce of power was got from the boilers and every particle of steam used for the engineers, turning it from all other uses, such as heating.

Fortunately it was night—fortunately, I mean, from one aspect—all our passengers were in their bunks. Many never woke up until the drama had been played out, because one of my first instructions was that, as far as possible, absolute silence should be maintained, while every man was told to instruct any passengers seen about to return to their cabins and stay there.

There was much to be done. All hands were called, and then began over three hours of restless activity and never-ending anxiety.

For though, as I say, it was fortunate that our passengers were asleep, the covering of night added to the risks we had to take. Ice! Racing through the dark towards we knew not what danger from bergs, standing on the bridge with every one keeping a bright look out, I was fully conscious of the danger my own ship and passengers were sharing.

I may say now that the spring of that year was phenomenal in regard to ice. The *Titanic* was on her right course, a course where, it is true, one at times may see ice, but that night was so exceptional as to be unique in anyone's memory. The reason was that two summers before the season had been unusually warm in the far north. Islands of ice had broken adrift from their polar continent and come drifting south. It took two years for these giant remnants to work their way so far south and we were amazed when daylight broke to find on every hand berg and floe stretching as far as the eye could reach.

Into that zone of danger we raced the *Carpathia*, every nerve strained watching for the ice. Once I saw one huge fellow towering into the sky quite near — saw it because a star was reflected on its surface — a tiny beam of warning which guided us safely past. If only some such friendly star had glistened into the eyes of the look-out on the *Titanic*. . . . Ah, well, it was not to be.

Before I could take the bridge, however, there were a thousand and one things to be done. They started at once. Even as I stood in the chart-room working out the position I saw the bosun's mate pass the watch off to wash down decks. I called him, told him to knock off routine work and get all our boats ready for lowering, not making any noise. Questioning surprise leapt into his eyes.

"It's all right," I assured him. "We are going to another vessel in distress."

The first officer I called, as I said, was the engineer. Speed was the imperative need. When he had gone to turn out his extra watch — and as soon as the men heard what was wanted and why, many of them went to work without waiting to dress; good fellows! — I had up the English doctor, purser and chief steward and to these I gave the instructions as follows:

The English doctor to remain in the first-class dining-room; the Italian doctor in the second-class dining-room and the Hungarian doctor in third. All to have ready supplies of stimulants, restoratives and other necessities.

Purser, with his assistant purser and chief steward, to receive the rescued at the different gangways, controlling our own stewards in assisting the *Titanic* passengers to the different dining-rooms for accommodation and attention. They also to get as far as possible names of survivors, to be sent by wireless.

The inspector, steerage stewards and masters-at-arms to control our own steerage passengers, keep them out of the third-class dining-hall and to restrain them from going on deck. Chief steward to call all hands and have coffee ready for our men and soup, coffee, tea, etc., for the rescued. Blankets to be placed ready near gangways, in saloons and public rooms and others handy for the boats. All spare berths in steerage to be prepared for *Titanic's* third-class passengers while our own steerage occupants were to be grouped together.

To all it was enjoined that the strictest silence and discipline should be maintained, while a steward was to be stationed in each gangway to reassure our own passengers should any hear noise and inquire — such inquirers to be asked politely but firmly to return to, and remain, in their own cabins.

Here I might mention the experience of Mr. and Mrs. Louis Ogden, friends of mine who were on board that night. They occupied a deck cabin and it was only to be expected that they should hear something of the preparations that were going forward. Their experience was duplicated many times, of course, by other passengers, though, while all these things were being done, the great majority of those on board slept peacefully, unaware of our exertions. A great credit to the crew

Mr. Ogden told me later that during that night his wife woke and aroused him.

"What's that noise on deck?" she asked.

"Don't worry; go to sleep," - the average man's reply to the anxious wife at such an hour. But, like other ladies, she was to not be so summarily silenced.

"Open the door and see what's wrong."

Mr. Ogden obeyed the injunction. Outside was a steward. Mr. Ogden called him.

"What's the noise all about?" he asked.

"Nothing, sir; doing work with the boats."

"What For?" Mr. Ogden was growing interested.

"I can't tell you, sir."

Mr. Ogden retired and quite naturally only made his wife's suspicions increase. She waited a few minutes listening to the noises which was inevitable as our boats were swung out on their davits.

"Try again," she requested at length.

This time Mr. Ogden, peeping out, encountered the surgeon.

"What's the trouble?"

"There's no trouble. Please return to your cabin. It is the Captain's orders."

Which didn't allay doubts. Going back and repeating the conversation to the wife, they both began to dress, putting their valuables in their pockets. Then the lady's insistence recommenced.

"Try again."

Once more Mr. Ogden opened the door — and, curiously enough, he again looked into the face of the surgeon. No need for questions, the surgeon ordered him back and told him on no account to leave the cabin until the Captain gave instructions. But the passenger was urgent and at length, as the only method of satisfying him, the surgeon said: "We are going to the *Titanic*. She's in distress."

"But isn't this ship in distress?"

"No sir; it's the *Titanic*; she's struck ice." But then Mr. Ogden saw stewards in line carrying pillows and blankets.

"There's something wrong," he concluded. And somehow he and Mrs. Ogden reached the deck. There they found some nook or corner and remained through the hours until, with the coming of the first gleams of dawn, they saw the ice and eventually the first boat.

Meanwhile, we were ploughing on through the night — a brilliant night of stars. I had been able to go to the bridge.

To me there Marconi operator came reporting he had picked up a message from the *Titanic* to the *Olympic* asking the latter to have all her boats ready. The sense of tragedy was growing. But the *Olympic*, homeward bound, was hundred of miles away, very much farther than we were. The *Titanic* had also called us. They asked how long we should be getting up.

"Say about four hours," I told the operator (we did it in three and a half hours), "and tell her we shall have all our boats in readiness and all other preparations necessary to receive the rescued."

I then gave the following orders to the first officer:

Prepare and swing out all boats; all gangway doors to be opened.

A block—with line rope—hooked in each gangway.

A chair—slung—at each gangway for getting up sick or injured.

Pilot ladders and side ladders at gangways and over the side.

Cargo falls, with both ends clear and bight secured, along ship's side on deck, for boat ropes or to help people up.

Lines and gaskets to be distributed about the decks to be handy for lashings, etc. Forward derricks to be rigged and topped and steam on winches—to get mails or other goods on board.

Oil to be poured down lavatories both sides to quiet the sea.

Canvas ash-bags to be near gangways for the purpose of hauling up children or helpless.

Company's rockets to be fired from 3 a.m. every quarter of an hour to reassure the *Titanic*.

And, beyond these, detailed instructions as to the various duties of the officers should the situation require the service of our boats.

At about 2.35—roughly two hours after the first call—the doctor came to the bridge and reported that all instructions were carried out and everything was in readiness.

While we were talking together I saw a green flare about a point on our port bow.

"There's her light," I cried, pointing. "She must be still afloat."

This looked like good news. An hour before the Marconi operator had brought me a message from the *Titanic* that the engine-room was filling. That had looked fatal. It left little doubt that she was going down. So to catch that green flare brought renewed hope.

Almost at once the second officer reported the first iceberg. It lay two points on the port bow and it was the one whose presence was betrayed by the star beam. More and more now were we all keyed up. Icebergs loomed up and fell astern; we never slackened, though sometimes we altered course suddenly to avoid them. It was an anxious time with the *Titanic's* fateful experience very close in our minds. There were seven hundred souls on the *Carpathia*; these lives, as well as all the survivors of the *Titanic* herself, depended on a sudden turn of the wheel.

As soon as there was a chance that we were in view, we started sending up rockets at intervals of about a quarter of an hour and, when still nearer, fired the Company's Roman candles (night signals) to let them know it was the *Carpathia* that was approaching. Occasionally we caught sight of a green light; we were getting pretty near the spot.

By this time the hope that their green signals had at first bred in us was gone. There was no sign of the *Titanic* herself. By now—it was about 3.35 a.m.—we were almost up to the position and had the giant liner been afloat we should have seen her. The skies were clear, the stars gleaming with that brightness which only a keen frosty air brings to them, and visibility was as good as it could be on a moonless night. I put the engines on the "stand by" so that the engineers should be on the alert for instant action. At four o'clock I stopped the engines; we were there.

As if in corroboration of that judgment, I saw a green light just ahead of us, low down. That must be a boat I knew and, just as I was planning to come alongside, I saw a big berg immediately in front of us—the second officer reporting it at the same moment. I had meant to take the boat on the port side, which was the lee side if anything, though there was not much wind or sea. But the iceberg altered the plan. It was necessary to move with the utmost expedition. I swung the ship round and so came alongside the first of the *Titanic's* boats on the starboard side.

Devoutly thankful I was that the long race was over; every minute had brought its risk—a risk that only keen eyes and quick decisions could meet—but with that feeling was the veritable ache which the now-certain knowledge of the liner's loss brought. No sign of her—and below was the first boat containing survivors.

A hail came up from her "We have only one seaman in the boat and cannot work very well."

They were a little way off our gangway.

"All right," I told them and brought the vessel right alongside. Then they started climbing aboard. Obviously they had got away in a hurry, for there were only twenty-five of them whereas the capacity of the boat was fully forty. They were in charge of one officer.

I asked that this officer should come to me as soon as he was on board and to him I put the heart-rending inquiry, knowing with a terrible certainty what his answer was to be.

"The *Titanic* has gone down?"

"Yes," he said; one word that meant so much—so much that the man's voice broke on it. "She went down at about two-thirty."

An hour and a half ago! Alas, that we had not been nearer!

But there was no time for vain regress. Daylight was just setting in and what a sight that new day gradually revealed! Everywhere were icebergs. About a third of a mile on our starboard beam was the one that a few minutes ago had faced us; less than a hundred feet off our port quarter was a growler—a broken-off lump of ice ten to fifteen feet high and twenty-five feet long. But stretching as far as the eye could reach were masses of them. I instructed a junior officer to go to the wheel-house deck and count them. Twenty-five there were over two hundred feet in height and dozens ranging from a hundred and fifty down to fifty feet.

And amid the tragic splendour of them as they lay in the first shafts of the rising sun, boats of the lost ship floated. From that moment we went on picking them up and as the rescued came aboard their thankfulness for safety was always mingled with the sense of their loss and the chattering cold that possessed them. Many of the women had been hours in those open boats, shielded from the almost Arctic cold only by a coat hastily thrown over night clothes—telling of the urgency with which they had left the ship, suggesting to the imagination awful long-drawn-out anxiety before the slips were loosed and the boat was on the water and away.

Slowly we cruised from boat to boat and as we neared the end of our questing, one gathered the enormity of the disaster. Altogether we picked up seven hundred and five persons; but on the *Titanic* crew and passengers numbered over 2,000—so many hundreds lost who a few short hours before had been members of a gay and distinguished company—half-way through the maiden voyage of one of the world's largest liners!

While we slowly cruised, we held a service in the first-class dining-room—in memory of those who were lost and giving thanks for those who had been saved.

Except for the boats beside the ship and the icebergs, the sea was strangely empty. Hardly a bit of wreckage floated—just a deck-chair or two, a few lifebelts, a good deal of cork; no more flotsam than one can often see on a seashore drifted in by the tide. The ship had plunged at the last, taking everything with her. I saw only one body in the water; the intense cold made it hopeless for anyone to live long in it.

It was not for us to remain, especially as about this time—eight o'clock—we saw another ship coming up. This was the *Californian*, and all the night had been lying not many miles away, hove to because of the ice. We signalled her now, asking her to continue searching as we were about to make for New York. The sea was rising and I was anxious to get well away from that danger zone in good daylight. So we got as many of the *Titanic's* boats as we could on board, some remaining suspended in our davits, others hauled on the forecastle head, and proceeded.

I may mention here that during the work of getting the boats alongside I happened to look down from the bridge and saw my friend Mr. Ogden. The day before he had been trying a new camera he had with him. So I cupped my hands and shouted down: "What about that new camera?" He glanced my way, threw up his hands as if to say he had never thought of it, sped off and in a few minutes was taking snaps of the boats as they came alongside.

They are the only authentic records of the occasion and surely an amateur photographer never had a more thrilling scene to take! The *Carpathia* had stopped in mid-Atlantic. It was a beautiful morning, a clear sun burning on sea and glistening on the icebergs. On every side there were dozens of these monsters, so wonderful to look at, so dreadful to touch. Some boats containing the survivors were alongside; people were climbing up the ship's side, other being pulled up; all wearing lifebelts (and incidentally it was the wearing of these that protected those who had been so long exposed in the boats and prevented many from dangerous chills); and then, from every quarter, boats were pulling in, making for one common objective—the *Carpathia*.

One thing stands out in my mind about it all—the quietness. There was no noise, no hurry. When our passengers at length came on deck they were some time before they seemed to realize the stupendous nature of the tragedy; it was too big to assimilate at once. Their hardly-awakened senses could not respond to the immensity of the scene. But as soon as reality followed on questionings, I must say our people understood that they must not remain spectators; that here was a situation unparalleled in which they must play a part. They set about comforting the rescued, persuading them to take nourishment or stimulant, seeking to soften the grief which wrapped them round about. Our doctors must have been relieved to see our passengers using their persuasion and commonsense so successfully.

They saw the survivors required dry and warm clothing, so off they took them to their own cabins to fit them out with everything they could. All our men passengers gave up their cabins and many of the ladies doubled up with others so as to leave their own quarters free for the distressed. Every officer, of course, yielded his accommodation.

In my cabin were three ladies, each of whom were bereaved. Their husbands, all millionaires, had perished and, in addition, only lady had lost a son. On the other hand, one had her son with her whose saving had that touch of the dramatic that was in evidence time and again that night.

This boy had been separated from his mother but later on had found a place in a collapsible boat. These things are like ordinary boats as to the hull except that they are flat-bottomed and their sides are canvas and can be folded down. The sides of the one this boy was in collapsed for some reason and he, with others, was kneeling on the hull. His position was even more precarious than it sounds, for, since they were helpless to propel it in any way, the boat was floating in the near vicinity of the liner and couldn't move away. It was right under her stern and from this boy I heard a graphic account of how the *Titanic* up-ended herself and remained posed like some colossal nightmare of a fish, her tail high in the air, her nose deep in the water, until she dived finally from human sight.

That collapsible was fortunate not to have been sucked down with the ship, probably the suction was lessened by reason of the pause and then the sliding movement she took; at all events, the helpless boat merely bobbed a little dangerously and remained afloat.

In a little while a ship's boat came near. It was hailed and the boy was taken into her. And the first person whom he saw in this rescuing boat was his own mother. Imagine the joy of that meeting.

But it was more than matched by another, rather similar, episode of that night.

Some of the first boats may have got away not filled to capacity, but later others certainly were overloaded and there were heart-rending moments when too-well-laden boats pulling about encountered poor fellows swimming in that ice-cold sea.

In this case I am recounting a boat's gunwale was seized for'ard by a swimmer. It was well before dawn. No one could see who it was, but many voices were raised protesting against him being hauled in.

"We are full; we are full," they cried. "Don't let him come in!"

One woman in the stern sheets, however, nursing her sorrow of a husband left behind on the sunken ship, begged for the swimmer to be taken in. The pity in her pleading prevailed and she knew the swimmer had been saved before she sank back into the frozen coma that great tragedy engenders.

Hours passed. At length dawn lit the haggard faces of those who huddled shiveringly in that boat. Only then did the women see the features of the drenched man she had been chiefly instrumental in dragging from a death by drowning.

It was her own husband.

It stirred the heart to see the fortitude of the bereaved, must as it sent a glow of pride to listen to some of the tales that were gradually revealed by the survivors of the sights that had been witnessed during those last hours on the sinking ship. Tales of bravery and self-sacrifice that add lustre to the human story, shown by every class. In those hours of trial, facing death, men were equal in heroism, whether they were the humblest or such as had much of this world's possessions. And one wondered, looking into the troubled and sometimes vacant faces of those who were saved, whether they or those left behind had the harder part to play. But it is sure that there were many that night who, loaded with riches and honours, showed they possessed the greater gifts of self-sacrifice and self-command.

We heard then and later of tales of the famous, tales, too, of the unknown. Of them all one remains warm in my memory. It concerns a young girl.

A boat full of women was ready for lowering from the stricken ship. It was found to be too full and the order was given for someone to get out. What a moment! But it had to be done, for the overfull boat endangered the lives of all. A young lady—a girl really—got up to leave the boat. At once some of the others protested, pleading that she should stay.

"No," she said, "you are married and have families. I'm not; it doesn't matter about me."

She stepped out of the boat and returned to the deck. She went down with the ship. She gave her life that others might live. No words of mine can add to the beauty of that action. But that night it was duplicated a hundred times as the boats went off—until there were no more to go and those who remained knew all hope of safety was dissipated.

The night and the morning were crowded with incidents. Here is one that shows how truth can indeed be stranger than fiction. It also throws a light on the amazing quietness and smoothness with which the crew of the *Carpathia* went about their task of preparation and rescue.

We had sailed from New York on April 11 (1912). It had been a pleasant and smooth passage save for the intense cold, upon which we all remarked. On the Sunday—three days out—we were in reach by wireless of the *Titanic*. At dinner that night a message was received from that ship—a private communication. It came from two young ladies who were aboard her and was addressed to their uncle and aunt—Mr. and Mrs. Marshall—who were on the *Carpathia*. Just a cheery greeting, saying how they were enjoying the crossing on the new ship.

It was that same night she went down.

The Marshalls knew nothing of it. They retired to their state cabin; they went to sleep. The night was calm, the sea smooth, they slept on all through the preparations that were going on aboard. But among the first of the survivors who came up one of the gangways were the two nieces who a few hours before had been wirelessing from the *Titanic* to the Marshalls. While the latter had been sleeping, these young ladies had been through all the agony of the night.

It was about half-past six when the Marshalls awoke. A steward knocking on the door aroused them.

"What is it?" asked Mr. Marshall.

"Your nieces wish to see you, sir," replied the steward.

No wonder he was dumbfounded; hardly believing his eyes when he opened the door and looked upon the girls, not crediting his senses as he listened to their story.

Looking back on that morning I am persuaded to emphasize again as the outstanding feature the silence on board. There was absolutely no excitement. At first no doubt the enormity of the occurrence stunned the sensibilities of our passengers when they knew of it, while the rescued came solemnly, dumbly, out of a shivering shadow. Afterwards every one was too occupied to think.

The ladies were very soon self-appointed nursing sisters, getting the new-comers to lie abed, others to rest on deck, and doing what they could to ease suffering and console. As many of the second- and third-class passengers who came aboard were but poorly clothed, blankets and sheets were requisitioned and many of the ladies started to make clothes. Others went to the third-class and busied themselves nursing, clothing and feeding the children. The cream of human kindness was surely extended that morning and during the days that followed while we made New York, and through it all that quietness reigned—as though the disaster were so great that it silenced human emotion. It seems incredible that the trying experiences through which so many had passed should not have developed hysterical trouble, in some at least, but it didn't. Indeed, on Tuesday morning Dr. McGee came to me and made the satisfactory report that "all the survivors were physically well!" Marvellous!

I knew that was the reward of endless attention on his part and that of the entire staff. No one relinquished their utmost efforts. Loyally and cheerfully every member of the crew, both officers and men, gave of their best. Doctors, pursers, stewards—even the little bell-boys—all entertained no thought of rest from the moment I issued my first orders until we had landed the survivors in New York and had again left to take up our interrupted voyage to the Mediterranean.

In all that large assembly of differing human beings I heard of only one instance of selfishness. A certain foreigner who had come aboard bedded himself down in one of the smoke-rooms. With an acquisitive eye, and a disregard of others, he had obtained several blankets for his own comfort. These were draped round his portly figure when other men found they were devoid of any. He was asked to share up, but adopted the old motto of "What I have I hold." There was a small council of war among a few men. But the war was soon over—and the blankets distributed.

Which reminds me of another incident in lighter vein—for in the human drama, however near the tragic, there always seems to shoot a ray or two of humour. The man himself told me the experience later and, with the heaviness of the immediate worry off my mind, I couldn't help laughing at the picture his tale called up.

It seems that he, having given up his cabin, was bedless. He wandered about the ship looking for some niche in which to curl up when, *mirabile!* he espied an empty mattress with some blankets handy. With a sigh of relief he lay down, pulled the blankets over his head and went peacefully to sleep. Can you imagine his disconcerted surprise when in the morning he woke up to find himself entirely surrounded by women? He had camped himself out in a portion of the ship which had been reserved for the rescued ladies and had lain there unnoticed through the night. His retreat was more hurried than strategic.

Well, having left the *Californian* in charge of the search—hopeless as it was that any man could live in that ice-cold sea—we started on our return. We soon found our passage blocked by a tremendous ice-field. There surely never was so much ice in that latitude. We had, of course, seen this field before, but had no means of knowing how compact it was or what was its extent. All we could see was that it stretched to the horizon—a remarkable awesome sight with great bergs up to two hundred feet in height standing out of the general field, which, itself, was six to twelve feet above the water-line. These little mountains were just catching the early sunshine which made them take on all manner of wonderful aspects. Minarets like cathedral towers turned to gold in the distances and, here and there, some seemed to shape themselves like argosies under full sail.

For nearly four hours we sailed round this pack—quite fifty-six miles. Then we were clear and could set our course for New York.

I ought to mention that the *Olympic*, which at the time of the disaster was some hundreds of miles to the westward, having left New York on the Saturday, had wirelessed suggesting she should take off the rescued. But I was against any such move. Fortunately, Mr. Ismay, the chairman of the White Star Line, was among those saved, and when I informed him, suggesting that it would be unwise to endeavour to tranship these poor people who had just been saved from the boats, he at once agreed and told me to request the *Olympic* to keep out of sight. So on we went, still passing other isolated bergs from time to time. I remember that about noon we passed the Russian steamer *Burma* who, bound east, made an endeavour to cut through that ice-pack. But he turned out again and I didn't blame him either!

We were able to communicate to the *Olympic* the bare facts of the disaster, and I also sent the official message to the Cunard Company together with as many names of the survivors as we then had. This offered the first chance we had of dispatching the news to shore. It was—owing to the short range of wireless then in operation—also the last opportunity we had of establishing communication until Wednesday afternoon, and then we learned how the world had waited in suspense for details and especially a correct and complete list of passengers and crew who had been saved.

After the ice, we ran into that other great enemy of ships at sea—fog. For hours it enshrouded us, and again on Wednesday it came down thick, continuing more or less all the way to New York. The dismal nerve-racking noise of the whistle every half-minute must have been particularly distressing to the survivors, and I was sorry for their state of mind, having encountered this after all their other experiences.

We had taken three bodies from the boats and one man died during the forenoon on Monday. All four were buried on Monday afternoon, Protestant and Roman Catholic services being held over them.

During Wednesday afternoon we were in communication with U.S.S. *Chester*—

dense fog at the time—and through her were able to send a more complete list of survivors and corrections. We picked up Fire Island light-vessel from its fog-horn on Thursday afternoon and, about six, stopped off Ambrose Channel lightship and took on our pilot. And now we got some idea of that suspense every one was in. Press boats literally surrounded us!

I decided that these journalist must not come on board. The comfort of the rescued had to be the first consideration. To have them interviewed by dozens of alert young newspaper men, eager to get the most lurid details, would cause endless distress, making them live it all over again. It was, of course, only in the nature of the reporters' jobs to get news, and when I told them they would not be allowed on board it was amusing to see the tactics some of them adopted to defeat my ruling.

These Press boats carried huge placards announcing this was from such and such a paper and that from another. They badgered and pleaded to be allowed to interview me and the passengers, but I could not oblige. Two pressmen adopted the ruse of coming in the pilot's boat. Now he was a friend of mine, and it was not easy to give him a straight refusal.

"Can these fellows come aboard?" he yelled.

I cupped my hands and sang out: "I can't hear you."

"They want to come aboard. They have friends on the ship."

"I can't hear what you say," I shouted and they knew, I guess, I was prevaricating. When the pilot had the ladder down, however, I expected they would try to get on board after him. So I had a rope bent from the bottom of the ladder and set two boys to haul it in as the pilot came up. You can see what happened. The moment the pilot had lifted his foot from one rung to the next, the boys drew in the rope and the ladder was hoisted right under the man's heels. One of the two in his boat made a jump and tried to follow, but the ladder wasn't there and he fell backwards.

Of them all one pressman only got aboard. That was later, after we were stopped off quarantine. He made a jump that risked his life and landed on the deck. This was reported to me and I had him brought to the bridge. I explained my reasons for not having anyone on board and that I could not allow the passengers to be interviewed. I put him on his honour not to leave the bridge under certain penalties and, I must say, he was a gentleman. After we had docked and the passengers had left I know he made a good story out of his exploit, being the only man to get aboard, and I believe he got complimented—which, after all, he deserved for his temerity.

But before we got to quarantine, the weather made another violent change. It brought the most dramatic ending to the tragic episode. First it began to blow hard, then the rain tumbled down and, as a finale, as though the curtain had to come down under unusual surroundings, it commenced to lightning. Vivid flashes accompanied us all the way up the channel to quarantine and heavy thunder-claps rolled across the skies. This weather held until we were off the Cunard dock.

While on the bridge in the pelting rain a bundle of letters and a number of telegrams were brought to me. I couldn't examine them at the moment and put them in my pocket. During a lull, later on, I ran into my chart-room, dipped a hand into my rather full pocket and drew out one item—only one. It was a cable and came from my wife! Quite satisfied I returned to my bridge.

It was a scene never to be forgotten. Press photographers on the dock let off their

Fifth officer Lowe bringing in the *Titanic's* boats.

One of the *Titanic's* collapsible boats.

flashlights. All round the ship were dozens of tug-boats and, before we could tie up, all the *Titanic's* boats had to be lowered because they were in the way of working the mooring ropes. In each of those boats went two of the *Titanic's* rescued crew and to see them pull into the pitchy night brought back to one's mind again the last occasion when they had been lowered from their own great and magnificent mother ship which was destined never to arrive at this harbour.

After nine o'clock at night they left us—those who had come out of the terror of shipwreck—and no one was more glad than I to see them passing on to the land. Not, of course, that they personally were well rid of, but to think that the long guardianship was over and they were safe. We had all been strained to the highest pitch of anxiety and the extent of that concern was now the measure of our relief. The job was done. We at once thought of our own affairs. We had set out to make the Mediterranean; we had a fairly full complement of passengers. I hastily replensihed linen, blankets, etc., that the interruption had utilized, from a sister ship, and that same Thursday afternoon—exactly a week from the time of our previous sailing—we left the dock, re-stored, watered and coaled, and—went on with our job. One of our passengers left us, but we took on two fresh ones so that we had a gain of one!

It had been indeed, an eventful week—eventful in the history of shipping, it was to prove. One of the results was that the Board of Trade made new regulations that on every ship at sea there were to be carried sufficient boats to accommodate all passengers and crew. To-day it seems incredible that it needed this appalling calamity to bring in such a regulation—and it hardly bears thinking about that if there had been sufficient boats that night when the *Titanic* was lost every soul aboard could have been saved, since it was two and a half hours after she struck that she tilted her mammoth stern into the heavens and sank by the head, taking with her all that were unprovided for. Now, yonder from Portsmouth even on the little ferry boats that ply between port and the Isle of Wight there are life-saving appliances for all the passengers the ferries can hold.

One other good thing resulted from the disaster. Supported by both Britain and America, there is now a constant ice patrol—from March to July or August—always watching along the latitudes where sometimes the ice reaches—and reporting to all shipping whenever there floats out of the icy maw of the far north bergs which might bring to some other ill-fated ship the calamity which met the *Titanic.*

Titanic! Of all the remarkable incidents connected with the short life of that ship of destiny not the least was her name. If you look in your dictionary you will find: Titans.—A race of people vainly striving to overcome the forces of nature.

Could anything be more unfortunate than such a name, anything more significant?

That would seem to be the natural end to the story. Yet for me the repercussions went on for some time. Having refuelled, filled up our water-tanks and so on, we took up our interrupted voyage. In July I returned to England overland from Naples to attend the inquiry held in London into the *Titanic's* loss; then followed several weeks of holiday. It was in December that I left the *Carpathia*, leaving on board the testimonials with which we had been presented by the rescued. There followed a round of social functions. I had to be in Washington on March 2 to receive from the hands of President Taft the Congressional Medal of Honour "with the thanks of Congress." The British Ambassador, Lord Bryce, took us to White House to receive this, the highest honour the United States Government can bestow, and afterwards we returned to the British Embassy where I was presented with the American Cross of Honour. My wife and I had a royal time for a few days and then returned in the *Mauretania*—the *Mauretania* which I was to command so long and through such exciting times.

And it was during those exciting times of the war which were soon to be upon us that the gallant *Carpathia* was to end her days. She was torpedoed in May, 1918, off the south of Ireland. It was a sorry end to a fine ship, yet it is a fitting end to my tale of her career. She had done her bit both in peace and war, and she lies in her natural element, resting her long rest on a bed of sand.

Captain Rostron, with Mr. and Mrs. Ogden, who took the photographs of the *Titanic's* boats

Carpathia Captain's messages sent and received

There are thirty-eight messages mounted in a soft-covered book. The book consists of twenty-three sheets of good quality paper, white with a slight bluish tinge, and measuring approximately 8 3/8 by 13 3/4"; these are joined together, to form a book, by three brass tongued studs passing through all the sheets along the left hand edge, and the first and last sheets form the cover of the book. Pagination begins (by hand, in ink over pencil) on the verso of the second sheet, or first leaf, this being page 1, and continues to page 41, opposite the inside of the back cover. Each sheet of paper has a large watermark at its centre: the figure of Britannia seated and facing sideways, in an oval frame, with a crown attached to the frame at top, the overall size of the single watermark being 4.9 by 3". The leaves are deckle-edged at the top (one long side of the paper) and at the sides (both short sides). The bottom edges are cut.

The first twenty messages (pp 1–20) are all on Marconi buff-coloured sending forms headed 'The Marconi International Marine Communication Company, Ltd./ Watergate House, York Buildings, Adelphi, London, W.C.', with 'Form No. 1–100.–', plus 6 more nos. in the top left hand corner. Some of the messages are written on scraps or sheets of lined white paper, attached to the lower part of Marconi forms. Pages 21, 22, and 23 are empty, and are followed by eighteen messages on white Marconi receiving forms; these are headed with the same company name as before, though without the London address, and have in the top left hand corners 'Form No. 3–100.–17.8.10.' or '–13.7.11'. The receiving forms take up pages 24–41, at one to a page, as before, and in the case of these messages are all written on the forms themselves.

The cover of the book has the inscription (in two hands):

'Book No 2

"Carpathia' Capt's mges sent and received'

1 (The only details on the Marconi form are the date, 15th Apl, and – added later, probably – in red ink '41', with a tick, below space for number of words.) Message is on small sheet lined paper apparently torn from a note-pad

3.10 pm
Olympic
Ismay is under opiate.
Do you think it advisable Titanic passengers see *Olympic* personally I say not
Rostron
7.30 GMT. Lat 41.15 N. Long 51.45 W. am steering S87W true, returning to New York with *Titanic* passengers

2 Carpathia Office, from *Carpathia*, ?15th Ap 1912 (*sic*). sent 3.25 (*pm not stated*); ink-stamped 'COPY'.

Capt *Olympic*
Mr Ismay's orders *Olympic* not to stand by (*a question mark has been written above* 'stand', *and over that again in another hand* 'be seen') *Carpathia* no transfer to take place Rostron

3 Carpathia Office, 15th Apl. 'Sent as "Note" no trace on *Olympic*'; in red ink '105', with tick, in space for number of words. Message is on sheet lined paper gummed along top edge to message section of Marconi form; & is in Rostron's hand.

to *Olympic*.
South point pack ice in 41°16' N, Dont attempt to go North until 49°30' W. many bergs large & small amongst pack, also for many miles to Eastward. Fear absolutely no hope searching *Titanic's* position. Left Leyland *S.S. California* searching round, all boats accounted for. About 675 souls saved crew & passengers latter nearly all women & children. *Titanic* foundered about 2.20 a.m. 5.47 G.M.T. in 41°16' N. 50°14' W. Not certain of having got through please forward to White Star also to Cunard L'pool & N.Y. and that I am returning New York. Consider this most advisable for many Considerations
Rostron.
(*added at foot in another hand:* 4.10pm'.)

4 (Only details on Marconi form are the date, 15th Apl, and (in red ink) the number of words, 29, with a tick.) Message is on odd scrap of lined paper, torn off along two edges, and is again in Captain Rostron's hand.

to *Olympic*.
Will send names immediately ready, you can understand we are working under Considerable difficulty. Everything possible being done for Comfort of survivors, please maintain standy (*sic*) by Rostron.
(*added at head of message in different pencil:* '5.30')

5 (Only details on form are the date, 15th Apl, and number of words, in red ink, 38.) Message is on upper two-thirds of small sheet lined paper, part being torn away at bottom, gummed as before to the message section of Marconi form, and is in Rostron's hand. From spacing, message seems to be complete.

Private from Captain Rostron to Captn. Haddock, *Olympic*. Captain, Chief, first & 6th officers & all engineers gone also Doctors all pursers one marconi operator & Chief Steward. Have 2nd. 3rd. 4th. 5th. officers, one marconi operator on board
(*added at foot in another hand:* '5.35 p')

6 No. 2/2 Carpathia Office, 15 Apr 1912, prefix Xmsg, words 42, charges 22/6 (*deleted*), from *Carpathia* via MCE, sent to MKC by H.C. 8.7 p.m. Message is again on sheet of lined paper gummed to the Marconi form. Not Rostron's hand.

Cunard New York ('& Liverpool', *deleted*)
7.55 am NewYork Lat 41.45 N Long 50.20 West ORFANELLO NewYork unless otherwise ordered with about IMPUSIERON CALMARAIS with Mr Ismay and BONPLANDIE with so much ice about consider NewYork best (large number icebergs & 20 miles field ice with bergs amongst)
Rostron

7 No. 3/3 Carpathia Office, 15 Apr 1912, prefix Xmsg, words 31, charges 44/9 ½ (*deleted*), from *Carpathia* via MCE, sent to MKC by H.C. 8.10 (a.m. or p.m. not stated).

Cunard Liverpool
7.55 am NewYork Lat 41.45 N Long 50.20 W. ORFANELLO NewYork unless otherwise ordered with about impusieron Calmarais with Mr Ismay and Bonplandie with so much ice about consider NewYork best
Rostron

8 No 4/4 Carpathia Office, 15 Apr 1912, prefix Xmsg, words 28, (*a note in ink alongside this:* '33 wds', charges 11/4, from *Carpathia* via MCE ?? (*sic*), sent to MKC by H.C. 8.14.

Cunard NewYork
Titanic sunk struck iceberg Monday 3 a m 41.46 N 50.14 W
Carpathia picked up many passengers in boats will wire further particulars later proceeding back to ('American port', *deleted*) New York.
Rostron

9 No. 5/5 Carpathia Office, 15 Apr 1912, prefix Xmsg, words 24 (*in red ink:* '27 wds'), charges 34/10 (*deleted*), from *Carpathia* via MCE, sent to MKC by H.C. 8.16.

Cunard Liverpool
('Picked up many boats', *deleted*)
Titanic struck iceberg sunk Monday 3 am 41.46 N 50.14 W picked up many passengers in boats wire further particulars later proceedings back ('America', *deleted*) NewYork
Rostron

10 No. 6/6 Carpathia Office, 15 Apr 1912, prefix X (*altered from Xmsg*), words 20 (*in red ink:* '25 wds'), charges 28/4, from *Carpathia* via MCE, sent to MKC by H.C. 8.20 p.m. Message is on white Marconi receiving form, folded horizontally in half and gummed to the lower half (message section) of buff Marconi sending form.

Associated Press NewYork
Titanic struck iceberg sunk Monday 3 am 41.46 N 50.14 W
Carpathia picked up many passengers ('are', *deleted*) am proceeding ('American port', *deleted*) New York
Captain Rostron

11 (*no number*), Carpathia Office, 15th Apl, words (*in red ink*) 39, 'sent as note – no trace on MWL & MBC'. (No other details). Message is on slightly ragged scrap of lined paper, gummed to form

Baltic
Please advise Westbound ships Large quantity of large & small bergs & 25 miles field ice with large & small bergs amongst from NW to E round by(?) S. N & S of Westbound track in 50°W
Rostron
(*note at foot, beneath message:* '11.10 pm Sent MWL via to BC')

12 No. 1/1 Carpathia Office, 16 Apr 1912, prefix msg, words 25, charges (*left blank*), from *Carpathia*, sent to MWL by H.Cm 10.50 a.m.; tick on form in red ink. Message is on small sheet lined paper torn from note pad or book, and is in Captain Rostron's hand

Captain (*this one word added in another hand*), *Californian*
Many thanks officers saved report all boats accounted for. Had haze for two hours this morning. Now strong S Wly. breeze clear.
Rostron.

13 No. 2/1 Carpathia Office, 16 Apr 1912, prefix msg, words 35 (*altered from* 23), charges (*left blank*), from *Carpathia*, sent to MMW by H.C. 12.40 p.m.; tick on form in red ink. Message is on piece of lined paper.

Minewaska (*sic*) Capt (*this word added in another hand*)
Only too anxious to get all names to shore doing all possible.
Mr Ismay is on board. ('Rostron', *deleted*)
Berge & pack ice down to 41.16N & as far East as 49.30.W.
Rostron

14 No. 1/1 Carpathia Office, 17 Apr 1912, prefix X, words 3, charges 6/3, from *Carpathia* via MSD; tick on form in red ink; sent to MEA by H.B. 5.25 a.m.

Cunard New York
ACOVCAMUHU ALL WELL

15 No. 5/5 Carpathia Office, 17 Apr 1912, prefix msg, words 26, charges (*space scored across*), from *Carpathia*, sent to MEA 6.20 a.m.; tick on form in red ink, no operator's initials.

Captain Franconia
6–10 N.Y.T. 498 miles East of Ambrose bound New York. All splendid many thanks. ('Compts', *deleted*) Saved total 705. (*four words heavily deleted*) Do you know about ice field.
Compts. Rostron.

16 No. 71/17 Carpathia Office, 18th Apl 12, prefix S, words 399 (*in red ink* 401 wds), charges 50/8 ½, from *Carpathea* (*sic*), sent to MSK 3.15 p.m. by H.C. Message is on seven sheets of lined paper, four of them numbered 1,2,3, & 4, the other three

containing a list of stores; a note on the sheet numbered 2 indicates that the list of stores should be transmitted between sheets 2 and 3; the numbered sheets are attached to a Marconi form, but loosely enough to be folded together with the remaining three sheets. Sheet no. 1 is also marked '71/17' and '3.15', on the two top corners.

Cunard Newyork
ACOVBIRIKY TAFELLACHS SCONGIURA We DILAPSI Blankets linen etc with SABINE Hope to dock tonight if working stores etc tonight please AERANDAE for EXMUCIET our HAARING Aired out ('ACOSADO' *deleted*) ACOTARIA DECLOUIEZ what AESTUANTUR AERANDAE Keep HERKRUISEN HAARING ALKIDAS SUDOROUS CUBATURA SCHEURTJESS POTENAZ

(List of stores here)

2000 lbs Freezing Salt
50 lbs Compressed Yeast
480 Pints NewYork Lager Beer
120 lbs Steerage salt Butter
400 Quarts Condensed milk
40 Quarts Fresh Cream
60 Gallons Fresh milk
3600 Eggs
200 lbs Cooking Cheese
6 Kegs Boston Crackers
20 Tins Pilot Biscuits
20 Tins Royal Lunch Biscuits
2 Half Barrels Graham Flour
500 lbs Crew Coffee
10 Barrels Ships Biscuits
48 Packets Cream of Wheat
600 lbs Cut Loaf Sugar
20 Tins London Creams
150 lbs Tomato Paste
100 lbs Salt Anchovies
200 gallons Californian Wine
10 Boxes small lemons
2 Barrels Malaga grapes
3 Bunches green Bananas
6 Boxes Apples
2000 lbs Prime Beef Hinds
6 Calves Heads
12 Sets Calves Feet
100 lbs Sausages
200 lbs smoked strips Bacon
60 Fowls
120 Frozen Broiler Chickens
50 Ducks
36 Guinea Chickens
100 lbs Frozen Cod
100 lbs Finnan Haddies
20 lbs White Perch
20 lbs Blue Fish
20 lbs Weak Fish
20 lbs King Fish
20 lbs Butter Fish
10 Barrels Table Apples
10 Barrels Cooking Apples
2 Barrels Sweet Potatoes
2 Barrels Turnips
2 Barrels Carrots
10 Dozen Heads Cabbage
10 Dozen Heads Boston Lettuce
10 Dozen Heads Romaine Lettuce
4½ Kegs Oysters
4 Boxes Tomatoes
10 Dozen Radish
6 Baskets Water Cress
2 Crates Green Peppers
200 Rolls First Toilet Paper
200 Rolls Second Toilet Paper
500 Softshell Crabs
50 one lb packages Cotton Wool

All ENLABIADO ERAGIZA INUMBRAMUS from *Titanic* passengers but SUBCORTEX Blanks to manifest same SCYLLAEUM manifests to Quarantine Reuchlin ENCACHO DRIESTHEID not ENTREPANES in previous list of survivors Mrs G Thorne Mrs and Miss Compton Mrs Edgar J Meyer Peter D Daly MICROGRAPH Caroline Deystrom Mary Jerwan Anna Hamlin & child Miriam Kanton bertha Ilett Daisy Bright Mildred Brown MICROLOGIE.
Rostron

17 No. 74/20 (*altered from* 73/20) Carpathia Office 18th Apl 12, prefix S, words 47, charges 6/8 ½, from *Carpathia*, sent to MSK by H.C. 3.25 p.m.; in red ink '46 wds'.

Cunard Newyork
TABARDELHA Very hazy since 8 am HOCHMASTIG HABITAIS Ambrose noon suit HAARZIEKTE early this morning HILLFOOT ADJACUIS required Victor Penasco Benjamin Guggenheim Victor Giglio not on board Mr and Mrs Thomas McNamee also not on board Margaret Hays Mrs Penasco wireless working very unsatisfactorily Rostron

(*n.b. this message runs on to a second form, attached under first*)

18 No. 75/21 (*altered from* 74/21) Carpathia Office, 18 Apl 12, prefix msg, words 18, charges (*very heavily deleted*), from *Carpathia*, sent to MSK by H.C. 3.30 p.m.; tick on form in red ink.

George E Foster Acting Premier Ottawa ('On.' *deleted*) ('Isididore', *deleted*) Isidore Strauss and wife not on board only maid Charles M Hays also not on board only wife
Captain

19 No. 97/4 Carpathea (*sic*) Office, 18th Apl 1912, prefix S, words 1, charges 1/0 ½, from *Carpathia*, sent to MSA (*altered from* MSK) by H.C. 6.26 p.m.; tick on form in red ink.

Cunard Newyork
ACOVBEHEMU

20 No. 119/26 Carpathea (*sic*) Office, April 18th 1912, prefix msg, words 3, charges 1/0 ½, from *Carpathia*, sent to MSE by H.C. 9.25 p.m.; tick on form in red ink.

White Star Line NewYork
Not on board

(*sic, no name given and unsigned*)

21)
22) – *three pages here empty, apparently unused.*
23)

24 *Californian* to *Carpathia*, 16 Apr 1912, No. 1/4 Carpathia Office, prefix msg, words 22, recd from MWL by H.C. 10.25 a.m., sent out 10.30 a.m.; red ink tick.

Capt *Carpathia*
Searched vicinity of disaster untill (*sic*) noon yesterday saw very little wreckage no bodies no sign of missing boat regards
Lord

25 *Minnewaska* to *Carpathia*, 16 Apr 1912, No. 1/5 Carpathia Office, prefix msg, words 32, recd from MMW by H.C. 11 a.m., sent out 11.10 a.m.; red ink tick.

Captain *Carpathia*.
Am anxious to forward to Newyork number of passengers from *Titanic* on board your ship if you have not already done so please let me have full list Compts.
Gates

26 *Minnewaska* to *Carpathia*, 16 Apr 1912, No. 2/6 Carpathia Office, prefix msg, words 22, recd from MMW by H.C. 11.15 a.m., sent out 11.30 a.m.; red ink tick near centre of form.

Captain *Carpathia*
Am out of touch with Shore stations will you please forward list to Ismay NewYork as soon as possible
Gates.

27 New York Office to *Carpathia*, 17 Apr 1912, No. 4/1 Carpathia Office, prefix S, words 16, recd from MSD by H.C. 5.0 a.m.; in red ink below space for number of words '6/10'.

Captain *Carpathia*
Kindly (*altered from* 'mindly') allow your operator to wireless full details *Titanic* including narratives (*initial n altered from m*) bysome (*written thus, and divided into two words by diagonal stroke in red ink*) well known passengers
NewYork Times

28 *Franconia* to *Carpathia* (*n.b.* "CARPATHIA" ink stamp has been wrongly applied to space for 'Office of Origin', then scored through in pencil, and 'Franconia' written in), 17 Apr 1912, No. 1/2 Carpathia Office, prefix msg, words 26, recd from MEA by H.C. 6.0 a.m.; red ink tick on form.

Captain *Carpathia*
10.20 GMT lat. 41.50 Long 64.20 W misty weather from Boston congratulations are you all right where are you bound compts
Smith

29 *Franconia* to *Carpathia*, 17 Apr 1912, No. 4/5 Carpathia Office, prefix msg, words 10, recd from MEA by H.C. 7.40 a.m., sent for delivery 7.50; red ink tick on form.

Captain *Carpathia*
Thanks we have position of field ice –
Smith.

30 U.S. (*sic*) *Chester* to *Carpathia*, 17 Apr 1912, No. 1/6 Carpathia Office, prefix msg Rush, words 17, recd from NDG by H.C. 9.15 a.m.; red ink tick on form.

Carpathia (*altered from* 'Cappathia')
Chester sent by Government to obtain radio gram correct list of rescued *Titanics* passengers
S.G. Decker

31 *Chester* to *Carpathia*, 17 Apr 1912, No. 2/7 Carpathia Office, prefix msg, words 18, recd from NDG by H.C. 10 a.m.; red ink tick on form.

Carpathia
What is your position and speed. Will you give me the desired information immediately.
Decker
Commdg *Chester*.

32 *Franconia* (*corrected from Carpathia*, as with message on page 28) to *Carpathia*, 17 Apr 1912, No. 5/8 Carpathia Office, prefix msg, words 21, recd from MEA by H.C. 11.10 a.m.; red ink tick on form. The prefix, number of words, receiving details, and message below are written in pencil so faint that at points the writer would seem to be using a sharpened point of wood, rather than of pencil lead.

Captain Rostron *Carpathia*
Have you any idea how many were lost. did you see the titanic what weather have you
Smith

33 *Chester* to *Carpathia*, 17 Apr 1912, No. 3/1 (*altered, but not clear from what*), Carpathia Office, prefix msg, words 5, recd from NDG by H.C. 11.20 a.m.; tick on form in black ink (in which number of words is also written). Pencil again very faint.

Carpathia.
Yes Yes
Signd. Decker

34 New York Office to *Carpathia*, 18 Apr 1912, No. 4/2 Carpathia Office, prefix MSG, words (*in red ink*) 39, recd from MSC by H.C. 3.55 a.m. The message runs over onto a second Marconi form, gummed underneath the first.

Commander *Carpathia*
If any surhumain alegroness pessimabo herkeursen haaring aboard claiming have alforsado from me osputacile false overgordel to ording with all comparvero consistant (*sic*) with precededas destivitas made emturaus ipsullices (*?epsullices*) modify catedraless and exlabiads procedure and aetifico exoque enerverais or enllueront
Sumner.

35 New York Office to *Carpathia*, 18 Apr 1912, No. 6/4 Carpathia Office, prefix

msg, words (*in red ink*) 54, recd from MSC by H.C. 4.5 a.m. The message again runs on to a second Marconi form, fixed under first, and a third, under second.

Commander *Carpathia*
Suggest padosane instruct your taleves that haarzieces paccis transmitted in the jagdhauses entflecken orrevolee filed of course onqaliger our ramblok haarzick capireira covering your ipsullices scatevous of pensavimas exisuzaht about convivendo for distribution to herkruisen also that padauscene print hochules ganzepoots of *Titanics* survivors Ellassified micrograph micrologie middelryand Cassandro mezclames directors reuchlin schanasantk carper
Sumner

36 New York Office to *Carpathia*, Arp 18, No. 1/, Carpathia Office, prefix S, words 27 (*in red ink* '28', and tick), recd from SK by H.C. at noon; form marked in red ink '6/9'. Second form once again needed, gummed under first.

Commander *Carpathia*
Scharnmaus alcali cruche survivors. potamobil medical alentour alabaron cubatura. Scongiura brachipnea all haarzichtes apparently plain language septicitys in strephon habertrank egarrotte. since your position 11 pm cenaturos Sumner.

37 NYK Office to *Carpathia*, Arp 18, No. 2/ Carpathia Office, prefix s, words (*in red ink* 32, with tick), recd from SK by H.C. at noon; note on form in red ink '7/9'. Second form used.

Commander *Carpathia*
Marconi quickly is victor penasco & wife margaret hayes (*sic*) benjamin gugglenheim (*sic*) victor giglio saloon passengers & Mr & mrs Thomas McNammee Steerage passengers from *Titanic* aboard *Carpathia*. when you expect arrive Ambrose.
Chas P. Sumner

38 Ottara (*sic*) Office to *Carpathia*, Apr 18, No. 3 (*altered from* S), Carpathia Office, prefix S, words 23–2, recd from SK by H.C. at noon; tick on form in red ink, with note '5/11'.

Capt *Carpathia*.
Canadian Govt desires to know whether Isidore Straus & wife & Chas M Hays are on board *Carpathia* and all right
George E Foster
Acting Premier

39 NYK (*altered from* MYK) Office to *Carpathia*, April 18, No. 4 Carpathia Office, prefix S, words 19, recd from SK by H.C. 12.20 p.m.; tick on form in red ink, with note '5/2'.

Commander *Carpathia*
Every onwettige devicerunt of your deported metrificar engelname sticthts.ch

('ch'. *repated, deleted*) exaucturam passes to any carper metrificar desiring exosoratos and reembark
Chas P Sumner.

40 Nyk Office to *Carpathia*, undated. No. 2/– of office unstated, but the form has Cottam's initials and has message in his hand, this being plainly *Carpathia's* form; prefix msg, words (*in red link* 8, with tick, and with note in red ink '3/4'), recd from MSE by H.C. 8.8 p.m.

Commander *Carpathia*
Is Frank D Millet on board your steamer
White Star Line

41 Nyk Office to *Carpathia*, 18 Apl, No. 3/– of office unstated (but, for reasons stated for previous message, this is *Carpathia's* form), prefix msg, words (*in red ink* 66, with tick), recd from MSE by H.C. 8.11 p.m. Message requires three forms.

Rostrun (*sic*) MPA
Message eighteenth only received three pm dilapsi bedding etc will be aescubae aesalon relief for hearing expect sail Carper friday afternoon how much bothraph potentibus neduattos(?) for docking scenica alabado north side pier 54 titanic marmaorn membrarono tonight lower floor no omalosomes issued to herkruisen haaring prior okuluth dock petrir doctor will simply put man aboard alabado and adenoided scenica ordenadero to arock.
C P Sumner.

END OF BOOK

MESSAGES IN THE ARCHIVE

The message books are on handmade paper, (ironically bearing a Britannia watermark!) to which the original messages have been pasted. Each book is held together by means of three brass binding pins with the titles written in ink on their covers:–

Messages to and from *Titanic* April 12th to 15th .... (90 Signals)
Titanic Ice Messages April 12th to 14th .... (16 Signals)
Book No. 1 Mr. Ismay's Messages Sent and Received .... (11 Signals)
Book No. 2 *Carpathia* Captain's Messages Sent and
Received .... (41 Signals)
Book No. 3 *Carpathia* Private Messages Sent and
Received .... (176 Signals)
Book No. 4 *Carpathia* Not Transmitted .... (77 Signals)
Olympic's Messages .... (37 Signals)

Carpathia survivor's letter from America

Mr. WALTER JAMES HAWKSFORD was a 1st class survivor from *Titanic*. He was travelling to New York to take up an appointment as Schweppes first Export Sales Manager in the United States. Writing to his wife from the Hotel Astor, New York on the 19th April, 1912; his letter reads as follows:–

> Dear Old Girl,
>
> Here I am you see still alive and kicking, we have had a pretty rough time of it. I daresay you know almost as much, by now, as I do, from the papers, so I won't enlarge upon the horrors of it all. We struck an iceberg about 12 on Sunday night, I was in bed at the time in that nice little cot you admired so much, I was just dozing off when I felt a bump and then a long grinding noise. I just got up and put my overcoat over my pyjamas and went out to see what had happened. We were not alarmed for everybody had complete confidence in the ship and when the ladies came out of the cabins we just laughed and told them that we had pushed an iceberg out of the way.
>
> About half an hour afterwards, the word was passed round to put on life preservers so I went to my cabin and put a suit on over my pyjamas and then my overcoat, took a life belt and was sent up to the boat deck.
>
> You would hardly believe the calmness of everybody, not a woman even was panic stricken, the men stood by while the women quickly and methodically got into the boats and a few men in each boat to row. When it came to the last boat but one I was told to man the boat with about four others and the rest women, we were then lowered a distance of 90 feet to the water, and rowed about half a mile from the ship.
>
> It was very cold but a beautiful night, starry and the sea as smooth as glass. We watched her bow gradually getting lower and lower, and then about two o'clock, all the lights went out, her stern rose in the air and she slowly glided away.
>
> We took off our caps and bowed our heads and nobody spoke for some minutes. We remained in that boat for five hours and you cannot imagine the strange feeling of being in Mid-Atlantic in a small rowing boat.
>
> Just as it was getting daylight we saw a rocket go up on the horizon and knew it would not be long before we were on another ship. We watched her slowly appear and then stop. You can guess we did not wait any longer, it was the hardest and most difficult bit of rowing that I ever did. We rowed about two or three miles and arrived on board at 5.45.
>
> They treated us royally on the *Carpathia*, but of course they could not find proper sleeping accomodation for another 700 people. I did not have

my clothes off for four days and slept in the smoke room. When we arrived at the river here, we were met by a number of boats and followed by quite a procession, and directly it was known that I was at this hotel, I was besieged by reporters and chased all over the place – I must have shaken hands with hundreds of people – until at last I slipped off to bed to get out of the way.

I am going to rest here a few days and decide my future movements. Of course I have lost everything that I had, but the company wired to our agent here to supply me with £100 and he called on me this morning. He took his motor car to the docks last night to fetch me, but of course could not find me. You never saw such a sight; it was almost impossible to get away through the mass of people.

The thing that has troubled me most is the anxiety you must all have had. I am perfectly well and will write you again by next mail.

My love to you all and the kiddies and everybody,

Your loving husband,

Wal.

P.S. I have had several cablegrams of congratulations from business houses.

The editor gratefully acknowledges the kindness of Mrs Nancy Hawksford, the writer's daughter-in-Law; for permission to reproduce this letter.

Titanic & Vanity Fair

MEN OF THE DAY. No. 603

Mr. Thomas Henry Ismay.

ELDEST son of Joseph Ismay, of Maryport, shipbuilder and shipowner, he came of a vigorous Cumberland stock some seven-and-fifty years ago; when he inherited from his grandfather that love of shipping which, combined with other virtues, has made him what he is. When he had done his apprenticeship, he sailed round Cape Horn, and visited Chile, Bolivia, Peru, and other places without the aid of steam; while he stuck to business so closely that at the age of thirty he found himself able to acquire the old White Star Line of Australian clippers; which in a year he improved into the Oceanic Steam Navigation Company, whose vessels are still better known as the floating palaces of the White Star Line, which has for its house-flag the bunting of the old clippers. Steam and sail, the fleet now includes some 120,000 tons of shipping; which has held the blue ribbon of the Atlantic, the Pacific, and the New Zealand trades. He was the founder of the firm of Ismay, Imrie, and Co., which he controlled for forty years; as he still controls the great Atlantic Line of which he is Chairman; comforting travellers, setting example so good that rival Companies follow it, and doing more for Ireland than all the Radical politicians put together. For he has spent over five million sterling in Belfast, where all his ships have been built; and that without a single contract made with his builders, so good a business man he is. Yet has he never offended a rival in his generous competition, though his shareholders have handsomely testimonialised him for his able management of their business. It was he who, seventeen years ago, first offered his whole fleet to Her Majesty's Government for service as cruisers or transports in time of war; thereby setting a wholesome, patriotic fashion by which help may be secured to the country in time of need.

He is a punctual man of much method; who, though he has refused to serve his country in Parliament, has nevertheless found time to serve on several Commissions. He made a very able Chairman of the Board of Trade Life-Saving Appliances Committee; he was a member of Lord Hartington's Commission on the organisation of the Army and Navy, and of the Royal Commission on Labour; and he has sat upon several Admiralty Committees. Asked to be Chairman of the London and North-Western Railway Company when Sir Richard Moon retired, he was too honest to his own shareholders to accept the pleasing offer, though he remains a director of that great land-line. He is a Founder, Chairman, and Treasurer of the training-ship *Indefatigable*, which has educated and started in life more than two thousand poor lads; and the founder (with a first gift of £20,000) of a Jubilee Pension fund for old and worn-out Liverpool sailors. He is a capable and bold administrator, who knows so well how to treat good men that all who serve under him, from the smallest cabin-boy to the biggest captain of the biggest ship, like him; a just manager who, though generous to a fault, never overlooks neglect of duty; a sympathetic friend; and a quiet, generous, unobtrusive fellow who is full of energy. He has travelled all over the world, so that he has filled his lovely place, Dawpool, on the Dee, with beautiful pictures and curiosities. He is the husband of a popular Scotch lady who has travelled much with him and believes in his ways; he is a Justice of the Peace for Lancashire and Cheshire, and Deputy-Lieutenant and ex-High Sheriff of Cheshire; and he is a Liberal-Unionist who is a member of the Reform Club.

This text accompanied a cartoon of Mr. Ismay by 'LIB' published in Vanity Fair, Nov. 15, 1894.

MEN OF THE DAY. No. 864

The Right Honourable William James Pirrie, P.C., LL.D.

BORN an Irishman in Quebec five-and-fifty years ago, he came home early, began life at the Belfast Royal Academical Institution, and began work at the age of fifteen; when he entered the Shipbuilding and Engineering firm of Harland and Wolff. There he saw such scope for his ambition that he quickly resolved to improve himself into the head of that great business; and to-day he is its Chairman and chief owner, one of His Majesty's Privy Councillors, ex-Lord Mayor of Belfast, a Deputy Lieutenant, a Magistrate, an ex-High Sheriff of several counties, and an Honorary Doctor of Laws, besides being the first Honorary Freeman of the City of Belfast. The biggest shipbuilder of the day, he employees eleven thousand men and he has turned out 100,000 tons of shipping in a single year. He has built such floating palaces as the *Oceanic* and the *Celtic*, and he is now building a bigger ship, the *Cedric*, as well as three new 15,000-ton boats for the Atlantic trade. He claims to have done a greater thing in bringing John Bull and Uncle Sam closer together than ever they were before; so that in all ways he deserves well of his country. Full of administrative capacity and of commercial enterprise, he helped the late Thomas Ismay to found that great White Star Line which long ago made the names of owner and builder famous; and though he has hitherto confined his attention to business, it is said that he will presently enter Parliament; where he may some day add political to the commercial service that he has already done his country. He is a generous, hearty, popular fellow, who attributes most of his success in life to the sympathetic help and constant companionship of his clever wife; a lady whom the late Lord Dufferin once called "the most charming and most popular Lady Mayoress that "ever sceptred a City or disciplined a husband." And she showed her power when she raised £100,000 in six months for the building of the Diamond Jubilee Hospital in Belfast; to which triumph she is now adding by raising a like amount for its endowment.

By his own merit he is a successful man, whom success has not spoiled; and, having led a healthy life of industry, he is still a comparatively young man with a future before him.

This text accompanied a cartoon of Mr. Pirrie by 'SPY' published in Vanity Fair Jany. 8th 1903.

EDITOR'S NOTE

Vanity Fair

This famous Victorian magazine was founded by Thomas Gibson Bowles and commenced publication in the autumn of 1868. In January of 1869 the magazine carried a caricature of Mr. Disraeli prepared by 'Ape' (Carlo Pellegrini) and established a tradition of weekly cartooning and lampooning that was to continue until the outbreak of war in 1914.

For something like forty-five years a steady stream of famous and infamous personalities enlivened the weekly issues of *Vanity Fair*, each in their turn to be battered or acclaimed by the pen of Jehu Junior, originally the pseudonym of the magazine's owner, T.G. Bowles. A great many of the cartoons were the work of 'Spy' (Leslie Ward), whose subjects included Royalty, judges, politicians, criminals, sportsmen, artists, actors and musicians of Victorian and later, Edwardian Britain.

The prints were produced in colour by chromo-lithography by Vincent Brooks, Day and Son, and their soft tonal quality cannot be bettered by any of today's modern printing techniques.

MEN OF THE DAY. No. 955.

Guglielmo Marconi.

THE true inventor labours in an attic, lives chiefly upon buns, sells his watch to obtain chemicals, and finally, after desperate privations, succeeds in making a gigantic fortune for other people. Guglielmo Marconi invented in comfort, retained any small articles of jewellery in his possession, and never starved for more than five hours at a time. Therefore he cannot expect our sympathy as an inventor, though he may excite our wonder as an electrician.

He is a quiet man, with a slow, deliberate manner of speech, and a shape of head which suggests an unusual brain. He has Irish blood in his veins, for his maternal grand-father, Andrew Jameson, married a daughter to a Marconi of Bologna, from which union Guglielmo was born. Guglielmo, I may mention, is the Italian for Bill.

Bill was educated at Leghorn under Professor Rosa, and afterwards at Bologna University. He first attempted to send wires without wires upon his father's land, to the alarm of the neighbours. Chemistry was his earliest study, but from it to electricity was but a step. From Italy he came to England, testing his instruments between Penarth and Weston. Returning home again, he obtained the loan of an Italian cruiser, and continued his experiments with success.

What has been the result all the world knows. His system is used exclusively at Lloyd's and in the British and Italian Navies. He has made the Atlantic still less endurable for tired brains by providing the liners with a daily paper. He has alarmed the Chinese with his devices at Pekin and Tien-Tsin, forcing them to compose special prayers against foreign devils and all their works. He has been the cause of a petition from the Cornish fisherfolk, who suggested that Government should put him down before his electric sparks ruined the weather. Lastly, to fill the cup of his sins, he has sent messages across the Atlantic, and created amongst the shareholders in cable companies a feeling which resembles the personal uncertainty of chickens under a hawk.

He has acquaintance with Royalty. His Majesty King Edward, when Prince of Wales, placed the Royal yacht at his disposal in '98, which most kindly act resulted in the rapid improvement of his apparatus. King Humbert lent him a gunboat, and King Victor a cruiser, in which he crossed the Atlantic. The Czar, not having a ship to spare at the moment, decorated him with the Order of St. Anne.

He is a hard worker, displaying the greatest resolution before unexpected difficulties. He rides, cycles, and motors. Of music he is a sincere admirer. Being half an Irishman, his lack of humour is prodigious.

This text accompanied a cartoon of Mr. Marconi by 'SPY' published in a Vanity Fair Supplement, 1905.

DID YOU KNOW

That. . . .

Titanic was the second of three sister ships built by Harland and Wolff, Belfast for the White Star Line - the others were *Olympic*, and, *Britannic*.

Titanic was American owned, as was the White Star Line.

Titanic was insured at Lloyds for 1 million pounds, but cost 1.5 million to build.

At the time of the *Titanic* disaster, vessels of 10,000 tons and over were only required to carry 16 lifeboats.

Titanic's engines had an output of 46,000 Horse power.

Titanic's two reciprocating steam engines weighed 2,000 tons.

She used 6,000 tons of coal for an Atlantic crossing.

A first class suite on the *Titanic* cost £800.

Titanic was the first passenger liner to use the new distress call SOS.

The pay of the *Titanic's* 2nd wireless operator was fifty shillings per month.

3rd Officer Pitman's two word survivor telegram cost £1. 3. 11. ½d

The pay of crewmen ceased when the *Titanic* sank.

The families of drowned crewmen received no compensation.

Some icebergs are over 3,000 years old.

Nine tenths of an iceberg is under water.

None of the surviving officers of *Titanic* were ever offered a command by the White Star Line.

Most White Star Vessels had names ending in - IC

Most Cunard vessels had names ending in - IA

When King George V was advised that it was proposed to name the new Cunader 'after our most illustrious Queen' (Victoria) his majesty took this to mean Queen Mary.

Mr Marconi later became an Italian senator.

Captain Rostron was honoured by President Taft with the award of the Congressional Medal of Honour for his part in the rescue of *Titanic's* survivors.

The Cunard Company declined to accept any recompense from the White Star Line for the rescue of passengers and their return to New York.

Carpathia was sunk by a German submarine off the Irish coast in 1918.

The British Enquiry into the loss of the *Titanic* lasted for 36 days, the longest wreck enquiry ever held.

The statue of Captain E.J. Smith in Beacon Park, Lichfield, Staffordshire was sculptured by Lady Kathleen Scott wife of the famous British Antarctica explorer.

Olympic steamed 186,000 on government service in World War 1 and was known as 'Old Reliable'.

Olympic sank a German U Boat in World War 1.

The third sister ship, *Britannic* was sunk by a German mine in 1916.

The *Olympic* was broken up at Jarrow in 1936.

The panelling in the White Swan Hotel, Alnwick came from *R.M.S. Olympic.*

There are *Titanic* Historical Societies in both Britain and the U.S.A.

Call letters used by Shore Stations and Vessels

Call letters used by wireless shore stations and vessels involved with the disaster taken from signals in the archive. Ice warnings sent to the Titanic are marked with an * (asterisk). See Titanic Ice Message Book, April 12th to 14th, 1912.

Wireless shore stations.		Call letters
CAPE RACE	(Newfoundland)	M.C.E.
SABLE ISLAND	(Nova Scotia)	M.S.D.
SEA GATE	(New York)	M.S.E.
SAGAPONACK	(New York)	M.S.K.
SIASCONSET	(Massachusetts)	M.S.C.
CAPE SABLE	(Nova Scotia)	M.S.B.

Vessel Call Letters		
Survivor Messages (Carpathia)	via M.E.A./M.S.D.	
ANTILLIAN	(Capt. Japha)	M.J.L.
*AMERIKA	(Capt. Knuth)	D.D.R.
ASIAN	(Capt. Wood)	M.K.L.
*BALTIC		M.B.C.
BLUCHER		D.D.B.
BIRMA		S.B.A.
*CALIFORNIAN (2)	(Capt. S. Lord)	M.W.L.
*CARONIA	(Capt. Barr)	M.S.F.
CARPATHIA	(Capt. A.H. Rostron)	M.P.A.
CELTIC		M.L.C.
CEDRIC		M.D.C.
U.S. CHESTER	(Capt. S.G. Decker)	N.D.G.
FRANCONIA	(Capt. Smith)	M.E.A.
FRANKFURT		D.F.T.
EMPRESS OF BRITAIN		M.P.B.
*LA TOURAINE	(Capt. Coussin)	M.L.T.
TITANIC	(Capt. E.J. Smith)	M.G.Y.
MOUNT TEMPLE		M.L.Q.
*MESABA	(Capt. Clark)	M.M.U.
MINNEHAHA		M.M.A.
MINNEWASKA	(Capt. Gates)	M.M.W.
*NOORDAM	(Capt. Krol)	M.R.A.?
OLYMPIC	(Capt. Haddock)	M.K.C.
PARISIAN		M.Z.N.
PRINZ FRIEDRICH WILHELM		D.F.K.
VIRGINIAN	(Capt. Gambell)	M.G.N.

N.B. International distress calls C.Q.D., S.O.S.

Suggestions for further Reading & c

DAVIE, M: Titanic The full story of a Tragedy. Bodley Head
EATON, J.P., and HAAS C.A: Titanic Triumph and Tragedy. Patrick Stephens
EATON, J.P., and HAAS C.A: Titanic Destination Disaster. Patrick Stephens
GIBBS, Sir P: The Deathless story of the Titanic. Lloyds.
GRACIE, Col. A: Titanic, a survivor's Story: Alan Sutton Publishing
LIGHTOLLER, C.H: Titanic and other Ships. Nicholson and Watson
LORD, W: A Night to Remember. Viking/Penguin
LORD, W: The Night Lives On. Viking/Penguin
McCAUGHAN, M: Titanic (booklet) Ulster Folk and Transport Museum
PADFIELD, P: The Titanic and the Californian. Hodder
ROSTRON, Sir A: Home from the Sea. Cassell and Company
STENSON, P: 'Lights' the odyssey of C.H. Lightoller. Bodley Head
WADE, W. Craig: Titanic, End of a Dream. Weidenfeld and Nicolson.
WINCOUR, J (Edtr) The story of Titanic as told by its Survivors. Dover.
Brit. Govt Enquiry. Report on the Loss of the S.S. Titanic. Alan Sutton

Titanic Education Pack. Ulster Folk and Transport Museum
An excellent teaching aid for use in schools/youth groups, covering most aspects of the disaster. Interesting section on the principal characters involved together with a useful glossary, reading list and details of films and video. Well illustrated.

Daily Graphic In memorium number, 20th April, 1912. Publisher
Martin B. Taylor, 43, Love Lane, Whitby, North Yorkshire, YO21 3LH
An excellent facsimile of this sought after collector's item, printed on quality paper and containing nearly 70 black and white illustrations, including portraits of important passengers, many of which will not be found in any other publications. Centre spread includes a sectional view of the layout of the Titanic.

Titanic Signals Information Pack Titanic signals Archive. price £4.00.
A complete listing of nearly 450 telegraph signals relating to Titanic and the Disaster, transmitted between April 12 – 18th, 1912. Pack includes listing of vessel call letters (Titanic MGY) and an overview of the tragedy derived from the signals information.

Museums, Societies, etc.,
Deep Sea Adventure Museum, Custom House Quay, Weymouth, Dorset.
National Maritime Museum, Greenwich, London
Merseyside Maritime Musuem, Albert Dock, Liverpool
Southampton Maritime Musuem, Bugle Street, Southampton
Ulster Folk and Transport Museum, Cultra, Holywood, BT18 0EU. N. Ireland.

The Titanic Historical Society Inc., P.O. Box 51053, Indian Orchard, Massachusetts 01151–0053, U.S.A.

British Titanic Society. 9, Guildford Lawn Ramsgate, Kent CT11 9AY

Titanic Signals Archive, 30, Edenvale Road, Westbury, Wilts. BA13 3NY